授業力上達の法則2
向山の授業実践記録

学芸みらい教育新書⑰

向山洋一
Mukoyama Yoichi

学芸みらい社

まえがき

本書は、『新版　授業の腕を上げる法則』『新版　続・授業の腕を上げる法則』の続編です。「未発表のまとまった実践記録」を中心にして構成しました。

前二作の旧版は、当時、毎月毎月一〇〇〇冊の重版というペースで出版され、一年の発行部数が四〇〇〇〇冊を突破しました。読者は、学校の教職員はもとより、保護者、企業など広範囲に広がりました。テレビ朝日のディレクターは本書によって法則化運動に注目し、一五分の特集番組を報道しました。この特集番組の影響は大きく、出版社の方にも、二日間、電話が鳴りっぱなしだったそうです。講談社の『週刊現代』の記者も『授業の腕を上げる法則』の中身を特集記事にしました。そのほか躍進するファッション界の東京モード学園やある看護学校では、先生方がテキストにして活用したとのことでした。

もちろん、大学でテキストに使用しているところも、いくつかありました。

世の中には、「教える」という行為が多数存在します。学校教育は当然のことながら、あらゆる組織で教えるという「教育システム」が必要不可欠です。教育研修システムがなければ、組織は存続できないからです。

「教える側」の教師は、それぞれ苦心しながら教える方法を開発しているのです。しかし、個人の努力には限界があります。でも、小学校には一四〇年を超える「教え方」の蓄積があります。一〇〇年を超える歴史は、それは大変な重みです。かつての教育技術法則化運動、そして現在のＴＯＳＳの運動は、このような一四〇年を超える教師の努力を「みんなで余すところなく学び取っていこう」という運動なのです。

日本の教育史上、初めて先人の努力を意図的、組織的に学び取ることを具体化したのです。

取り組み始めると、やはり多くの人々の努力はすごいということがわかりました。個人の才能は大切ですが、やはり小さなものだということが実感できます。多くの教師の努力を学び取ることで、とりわけ若い教師は急成長を始め、各地で大活躍を始めました。

その一つの実証が、当時の二〇代教師が次々と単行本の執筆者となったことです。それらの本は読みやすく面白いのです。役に立ちます。その結果、どんどん普及していきました。法則化運動は、多くの教師の努力から学んでいましたから役に立つのです。それまでの「理念」だらけの「つまらない教育書」とはちがって、本当に面白くて役に立つのです。

ですから、学校教育以外の様々な場でも、テキストとして使われました。様々な企業、職種の人と出会ったとき、「先生の本を職場のテキストとして使っています」という声を、よく耳にしました。

当時の人々は、法則化運動を知ると、ご自分の方から、支援してくださいました。有難いことでした。

実は、私は、民間教育運動の方々こそ、真っ先に支援してくれると思っていました。「子供」と常に真剣に向き合っている教師なら、「教える技術」はぜひとも必要だからです。しかし、私の予想は半分外れました。若い教師は次々と共鳴してくれましたが、民間教育運動の中心となる年輩の方々は法則化運動に批判的でした。というか、いやがらせ・いやみ・非難という類の批判が多かったのです。

私は、「法則化運動に反対」という意見まで含めて法則化運動である、と考えていただけに寂しい気がいたしました。

法則化運動は、思想信条に全く関係がありません。「いいものはいい」という多くの人々によって、その後、支えられるようになりました。現在のTOSSは、時の総理大臣や文部科学大臣がTOSSの運動に応援メッセージを寄せてくれるまでになったのでした。

さて、本書の内容を概略説明します。

第1章は、文学教材「夜のくすのき」の実践です。文芸教育研究協議会のシンポジウムに出席するために実施した授業です。このとき、シンポジウムに同席していた川野理夫氏（教育科学研究会国語部会）は、私の報告について「これは授業ではない。向山氏は教材を読めていない」という批判を、後日、雑誌『ひと』で展開したのです。川野氏は、私の実践についていかなる批判を展開したのでしょうか。民間教育運動の第一線の実践家の水準を示すものとして、その歴史的意味は大きいといってよいでしょう。

第2章は、運動会応援団についての私の指導です。いかなる願いをもって、応援団を組織すればよいのか。一〇〇名を超えるばらばらの応援団をどのように指導すればよいのか。当時、同じ職場であった新牧賢三郎氏の記録によりながら、私の指導を再現しました。

第3章は、理科の「空気はちぢむか」の研究授業報告です。全国の三八都道府県から一〇〇〇名余の参観者があった調布大塚小学校の公開発表でした。当時、私はどのような問題意識をもち、どのように研究と実践を組み立てていたのでしょうか。教職員に向けて、私が発行してきた「実践記録」をもとに示しました。

実践の中には、様々なことが複合して含まれています。前二作は、それらの内容を分解して示しましたが、本書は複合のまま提出した感があります。前二作で示したことを拠り所にして、ぜひとも「複合状態」――それはつまり実践そのものなのですが――における活用方法を学び取っていただければ幸いです。

向山洋一

目次

まえがき　2

第1章　文学教材「夜のくすのき」の実践　13

1　文学教育のシンポジウムに臨む態度　14
2　最悪の条件でどう授業を構想するか　17
3　実践に当たっての基本的態度　25
4　第一時間目（前半部）の授業　29
5　第二時間目（後半部）の授業　40
6　授業実践の報告は私一人だった　52
7　法則化批判者の水準　61

8 授業の腕を上げるために 72

第2章 運動会応援団の指導 75

1 花の応援団の発祥 76
2 応援団集合 新牧賢三郎 80
(1) 応援団の構成 80
(2) 役の決定 80
(3) 学年の担当を決める 83
3 ハチマキを巻く 新牧賢三郎 87
4 エール 新牧賢三郎 96
(1) ハチマキの練習 96
(2) エールの練習 98

5 「赤白あいさつ」の指導 104
6 子供を熱中させるために 114
第3章 理科「空気はちぢむか」の実践 119
1 研究集団調布大塚小学校 120
2 教材分析と指導計画の構想 123
3 授業に取りかかる
——ぐにゃぐにゃの入れものから出発 134
4 子供の思考は発展する
——「あ、エレベーターだ!」 146
5 注射器への転換 151
6 研究授業を実施する 157

7　学習内容は広がる　168
8　研究授業での主張　173
9　骨太な実践をつくるために　177

解説　181

子どもの事実から出発した教師実践
向山実践は、理念で語らず事実で語る　橋本信介　182

具体的な子供の事実の記録が論争で活用できる
〜向山氏から学んだ、知的生産術〜　戸村隆之　186

第1章

文学教材「夜のくすのき」の実践

1　文学教育のシンポジウムに臨む態度

一九八五年夏の文芸教育研究協議会（以下、文芸研）広島大会に私は招かれた。シンポジウムのパネラーの一員としてである。

時間がある限り「招かれればいかなる所へも行く」というのが私の信条である。たとえ、数千人、数万人の敵対者の集会にでも出かけて行くというのが私の信条である。

法則化中央事務局の合宿担当者の舘野健三氏、二〇代講座担当の新牧賢三郎氏を同道して参加することにした。二人には、大会運営を学んでもらうためである。

当時は、まだ、数十人の合宿を運営しているにすぎなかったが、すぐに数百人、数千人の大会を準備せざるを得なくなる。そのための勉強である。

大会に出れば「どのくらいの準備が必要であるか」「必要な経費はどのくらいか」の見当がつく。「計数に基づいた企画」ができないようでは法則化運動の中央事務局は務まらない。しかし、誰しも初めはシロウトである。勉強しなければならない。広島までの参加費は痛い出費だがしかたがない。いろいろな場を体験しなければ人間は大きくならない。そのために、二人を同道することにしたのである。

さて、シンポジウムのテーマは次のとおりであった。

この教材でどんな力を育てるか

パネラーと司会者は次のとおりであった。

川野理夫　教育科学研究会国語部会
河野幹雄　同和教育における授業と教材研究協議会
府川源一郎　日本文学協会国語部会
向山洋一　分析批評
上西信夫　文芸教育研究協議会

司会　難波喜造　神戸大学

他にも、小松善之助（児童言語研究会）、江口季好（日本作文の会）、小松崎進（日本文学教

育連盟）の各氏にも呼びかけたらしいが、それぞれの研究団体の夏季集会と重なったりして欠席であった。

このシンポジウムは文芸研の西郷竹彦氏の発案であるが、この方法自体が氏の魅力の一面を物語っている。

主張の異なる国語教育の団体を同じテーブルに着けて、シンポジウムをすることなど、できそうで、なかなかできないのである（しかし、一年でこりたらしい。翌年私だけ抜かされた）。

このシンポジウムで私がよかったと思うのは、「この教材でどんな力を育てるか」というテーマである。

つまり、ある教材を特定して、その教材で「どんな力を育てるか」を、各パネラーは主張するわけである。これなら、実りは多いだろうと思った。各パネラーが、自分たちの主張を公式的にくり返すだけなら、魅力はない。いくらしゃべっても、自己の主張を通すための見解が述べられるだけだろう。それなら、本を読めばいい。

ところが、「一つの教材」を特定しているのである。これなら「語るべき内容」は、具体的になるはずである。論議も、「具体的で突っこんだもの」になるだろう。抽象論は排除されるはずである。私は楽しみであった。

2　最悪の条件でどう授業を構想するか

　ところが、シンポジウム出席の手紙を出した後、肝心の「教材」が何なのかがさっぱり分からなかった。どの教材を使うのかが分からなかったのである。

五月、六月と過ぎて、七月に入ってしまった。七月八日になって、やっと教材が届いた。

「夜のくすのき」（大野允子作）だという。

シンポジウムの教材が届けられたのが、夏休み直前の七月八日である。これは、ひどいと私は思った。教材を実践する時間があとわずかしかない。教材を分析する時間もない。

しかし、一度引き受けた仕事である。どんな条件の中でも力を尽くすのが私の生き方である。できるだけやってみようと思った。

　さて、読者諸氏にお尋ねしたいのだが、あなたなら、どんな準備をしてシンポジウムに臨まれるだろうか。

　その時の私の条件は次のとおりである。

(1)　私は二年生の担任であった。

(2)　私は教務主任をしていて、夏休み直前であった（東京の夏休みは七月二一日から）。
(3)　私は担任として一学期末の準備をしなければならないとともに、教務主任として学校全体の一学期のまとめ（成績の処理、夏休みの準備、研究の中間総括）をしなければならなかった。
(4)　当時の授業は短縮に入っていて、一日に三時間授業であった。プールも始まっていた。

つまり、きわめて忙しい上に、授業時数もあまり確保できないという状態の中で「二年生」の子供の担任としてどのような準備をしていくのかということである。

私は、「この教材でどんな力を育てるか」というシンポジウムなら、絶対に「授業をしたことにもとづいて発言する」べきであると考えていた。

それぞれの立場の人が、それぞれの授業をやってみて、それをもとに自らの考えを主張する――これが「この教材でどんな力を育てるか」というシンポジウムの基本的なあり方だと考えていた。

私のみならず、法則化運動に参加している教師なら誰でもそう考える。これが私たちの研究の態度である。

つまり、「教育を語る時に、理念で語らずに事実で語る」という立場である。私たちは「理念」に基づいて教育を語ることの「空虚」さにいや気がさしているのである。「空々しい言葉の遊び」を感じてしまうのだ。「どれだけささやかなことであっても、事実から出発する」ことの方が、はるかに大きな意味をもつのである。

具体的に授業を語る――具体的事実に基づいて主張をする――これが法則化運動の基本的立場である。

これは、法則化運動のみならず、社会の「あらゆる分野」で、基本的な常識になっていることだと思う。社会の知的水準が高ければ高いほど、この傾向は強まるだろう。

さて、話を戻そう。読者諸氏なら、いったいどういう準備をするだろうか。

> (1) 何時間の構成にするか。
> (夏休み直前で相手は二年生である)
> (2) 毎時間の授業をそれぞれどのように展開するか。

ぜひ、考えていただきたいと思う。

これが、六年生を相手なら事情がちがってくる。

また、一〇月、一一月の時間がいっぱい取れる時なら事情がちがってくる。

しかし、教育は、いつも理想的な状態でなされるとは限らない。

与えられた条件の中で、精一杯やらなければならない時もある。

さて、七月八日に送られてきた教材の文章を以下に示す。よく読んで自分ならどうするのか考えていただきたい。

夜《よる》のくすのき　　大野《おおの》　允子《みつこ》

「くすのきまち」はバスの終点《しゅうてん》です。

道のほとりに、大きなくすのきが立っていました。おとなの手で三《み》かかえはあろうという、太いみきでした。

終《しゅう》バスがついて、まばらな人かげが路地《ろじ》にきえると、くすのきのあたりは、ひっそりします。

ほそい月のでた夜でした。

くすのきの頭が、空の中でゆれていました。

「おや？　きこえるぞ。」

くすのきは、足もとで、小さな歌声をきいたのです。

「かあさんがうたってる。やさしい声だな。」

くすのきはうっとりしました。

「……しあわせな、親子だ。」

手をつないだ親子がうたいながら、くすのきのそばを通っていきました。

「いいな、いいな、かあさんの、歌……。」

くすのきは、あの夜のことを思いだしたのです。

「かわいそうな、とってもかわいそうな、親子だったよ。」

夜空がまっかにそまって、ヒロシマの町が、焼《や》けていった夜のことです。

「ずうっと遠い、むかしのことのようだ。いやいや、なんだか、きのうのことのようだ
……。」

くすのきは、町が焼《や》けていくのを見ました。人の死《し》んでいくのも見ました。

「おそろしいばくだんだった。あんなの、はじめて、見たんだ。ここの道を、みんな、

にげていったな。足もとへたおれて、もう、うごけない人もいた……。」
あつい夏の日でしたが、くすのきのまわりには、ひんやりしたかげがあったのです。
日がくれると、ひろげたえだのしげった葉《は》が、夜《よ》つゆの落《お》ちるのをささえました。
太いみきによっかかって、ねむる人もありました。土の上にころがって、ねむった人
もありました。
くすのきのにおいが、かすかにただよっておりました。
「みんな、やけどをしていた。にげようにも、もう、うごけなかったんだ。ものをいう
力もないようだったな……。」
町を焼《や》く火が、くすのきの頭を、あかあかとてらしていました。
「だいじょうぶだよ。こんな町はずれまで、火事《かじ》はひろがってきやしない。あんしんし
て、おやすみ。」
くすのきは、足もとでねむっている人たちを、じぶんがまもってあげなければならな
い、というようなきもちでした。
「おや？　きこえる。」
くすのきは、足もとで、小さな歌声をきいたのです。やさしい、子もり歌です。

ぼうやをだいてうたっているのは、おさげのかみの女学生でした。なみだをためて、見もしらぬぼうやのために、子もり歌をうたっているのです。かあさんの名を、よびつづけるぼうやを、ほうっておけなかったのです。

「さあ、ちゃん。」

「はいよ。」

「か、あ、ちゃん。」

声が、だんだん、よわっていきます。まいごのぼうやは、顔じゅうひどいやけどで、目も見えないようでした。

「かあちゃんよ。さ、おいで。」

女学生は、ぼうやを、しっかりとだきました。女学生の心は、かあさんの心になりました。かあさんのむねに顔をうめて、ぼうやはもう、なんにもいえないのです。

くすのきによりかかって、ぼうやをだいて、女学生は、子もり歌をうたいつづけたのです。

「いい歌だ。うたっておやり。ずうっと、ずうっと、声のつづくかぎり、うたっておやり。小さな、やさしいかあさん。」

くすのきはむねがつまりそうでした。でも、うれしかったのです。

「ぼうや、よかったな。かあさんにだかれて、いいな。」

いいながら、くすのきは、からだをふるわせていました。

「かわいそうな、小さな親子……。」

子もり歌をききながら、ぼうやは死《し》にました。

やがて朝がきて、日の光が、小さな親子のほおを、金色にてらしました。

「まるで、生きているようだったよ、ふたりとも……。」

ぼうやをだいたまま、くすのきによりかかったまま、女学生も死《し》んでいました。

「……目をつむると、いまでも、あの歌が、きこえてくるようだ。」

くすのきのひとりごとが、夜空を流《なが》れていきました。

3　実践に当たっての基本的態度

シンポジウムに臨むに当たって、他の研究団体の著名な実践家と討論するに当たって、私は「授業をもとに発言していこう」と考えていた。「授業をもとに発言する」ということが、実践家の基本的な態度であると考えていた。また、他の方々も、私と同じであろうと思っていた。「この教材でどんな力を育てるか」というテーマをもとに、一つの教材を決め、主張の異なる研究団体がシンポジウムをするからには、授業を実践し、それをもとに自らの考えを主張するということは、当然すぎるほど当然のことと考えていた。

さて、私は、前述したような条件の中で、「二時間」の授業を考えた。

二時間の授業とする第一の理由は、夏休み直前で時間がとれないということである。授業ができるのは一週間くらいしかない。しかも、毎日三時間の短縮授業である。プールもあれば、各教科のまとめもある。テストもしなければならない。時間がとれないのである。

第二の理由は、私が二年生の担任だということである。もしこれが、高学年の子供なら、もっと時間はとれる。やりようもある。しかし、二年生を相手に、しかも、その中に分析批評の主張を含めなければならないのである。

分析批評の授業は、ほとんどしていない。「話者」だけだ。何せ、二年生の一学期なのだ。「ワンポイント」が示せればよいと思った。

以上をまとめると、私はシンポジウムに臨むに当たって、次のようなことを考えていた。

(A) 指定教材「夜のくすのき」で授業をして、授業をもとに主張する。
(B) 授業時間を二時間で構成する。
(C) 二時間の中に、ワンポイントの分析批評の主張を含める。

これは、妥当性のある方針だと思う。

多くの方は同意されるのではないかと思う。

さて、問題は「二時間」の授業の中身である。

「二時間」をどのように構成するのかということこそポイントだ。相手は二年生、しかも

「持ち込み教材」である。さらに、授業の結果は、シンポジウムの主張になるのである。

私としては、本来なら「分析批評」で二時間すべて授業したかった。

他の研究団体の代表的な実践家と討論するのである。時には、論争になるであろう。私は「分析批評」を代表して、そこに臨むのである。「分析批評」の基本的部分のいくつかは、授業をしておきたかった。しかし、時間は二時間しかない。相手は二年生である。これは、無理だと判断した。そして、「シンポジウム」での討論に目を向けるのではなく、あくまで「向山の授業」として構成しようと思った。

その結果、論争で敗れればそれはしかたがない。その時は潔くしようと考えた。

さて「夜のくすのき」の教材で二時間の授業を二年生にするのに、一番大切なことは何か？　いつもの私なら何をするか？

答えは、簡単である。「教材の文章を全員が読める」ようにすることである。二年生の子供たちが、教材の文章をスラスラ読めるようにすることである。分析批評は、その後のことだ。

教材の文章がスラスラと、あるいはしっかりと読めるようにさせること、これは国語の授業の出発点である。たとえ、二時間の構成でも、その基本をなおざりにしてはいけない。

しかし、二時間のうちの一時間をただ「音読しなさい」ではあきてしまうだろう。何か工夫をしなければならない。

これが、五時間、八時間の構成なら、組み立てもちがってくる。毎回、音読させて、何かを授業していけばよい。

しかし、今回は二時間である。はじめの一時間で「読む」ことを終了させなければならない。そして二時間目に、分析批評のワンポイントを授業すればよい。これでぎりぎりである。私は、そう考えた。

そこで、私は授業に当たって次のように取り組むことにした。

(D) 国語の授業の基本である「読む」ことを重視する。前半の一時間をこれに当てる。

(E) 分析批評については、ワンポイントを指導する。これを後半の一時間に含める。

文芸研の全国大会のシンポジウムに出場するのに、これでいいのか迷った。しかし、七月八日に教材が届いたのだ。私には、これしかやりようがない。

覚悟を決めた。

4　第一時間目（前半部）の授業

教材が届いた翌日、早速印刷した。先に示した文書である。

私は次のように授業をした。

「夜のくすのき」の授業　一時間目（前半）　一九八五年七月九日、二校時。

教材文のプリントを全員に、配布する。

次のように指示する。

一回読んでごらんなさい。分からない字はとばしていきます。

私のクラスでは、このような時、読み終わった子は、黙って手を挙げることになっている。そして、読み終わったら、もう一度、始めから読んでいることになっている。

二年生でも、このような「学習ルール」は作ることができる。何も気負わなくても、その時々に、必要性のあることを(ただし厳選して)ルールにしていけばいいのである。

さて、先の教材を全員が読み通すのにどれだけ時間がかかるであろうか。みなさんのクラスではいかがであろうか。その時のメモによれば、次のとおりである。

(私のクラスは三三名であった)

一分後　　　〇名
二分後　　　〇名
三分後　　　一名
四分後　通算一一名
五分後　通算二七名

五分後で、二七名が一回読了である。事務局から送られてきた教材文のプリントが不鮮明であって(書き加えられたところもあって)読みにくいということもあった。しかし、それにしても、二年生の一学期はやはり、このくらいなのだと思う。

五分を過ぎたところで終了させた。二九名になっていた。四名が未読了である。

ここは、本当は待つべきだろう。しかし、私は「二回目はもっと多くなる」と考えた。もちろん、二時間で終了させなければならないという意識が働いたのである。

五分が終了したところで、四名の途中者がいるまま、第一回目の音読を終えた。

次に、以下の指示を与えた。

> 全員起立。一回読み終わったらすわりなさい。読めないところはとばしていいです。

第一回目は「分からない字はとばしていきます」であり、第二回目は「読めないところはとばしていいです」となっている。

意識してのことではない。記録を見るとこうなっているのである。多分、この微妙なちがいに意味があったのだと思う。

二回目は、読むスピードは速くなっている。次のとおりである。

一分後　〇名

二分後　一名

三分後　通算一五名
四分後　通算三〇名
五分後　通算三二名

読むスピードはこれくらいちがう。

読み始めて一回目は、三分後には一名なのに対して、二回目は一五名になっている。四分後は一回目が一一名でおよそ三分の一なのに対して、二回目は三〇名である。ほとんどの子が読み終えている。そして、五分後、一回目の時は二七名でその時点で六名の子が終了していなかった。しかし、二回目の時は三二名である。残り一人となっている。

ここで、お断りしておくが、私のクラスは普通の公立校である。三三名の子供の中には、いろいろな子供がいる。当然、時間がかかる子もいるわけである。

二回目は、全員の読了を確かめてから、次の指示を与えた。

赤えんぴつを用意しなさい。（間）（全員の用意を確かめる）読めない漢字の横に赤線を引きなさい。

この時の作業は、どのくらいの時間がかかったであろうか？　ぜひ、予想していただきたい。

全文の通読では、大体、三、四分の時間がかかる。こんな時に、読めない字に赤線を引く作業はどれくらいで終えるのだろうか？

授業の中の小さな場面である。普通なら、意識にもとめないことである。

しかし、このような場面を意識的に捉えることによって、教師の腕は向上していくのである。

私のクラスは、次の結果であった。

〇分後　通算一〇名
一分後　通算二五名
二分後　通算二七名
三分後　通算二八名
四分後　通算三三名

「読めない漢字に赤線を引く」という作業は、「一回通読する」という作業とはちがうのである。

〇分後が一〇名もいるのである。〇分後とは、つまり、課題を与えた瞬間に「全部読めます」と反応した子供である。

二回以上(人によっては五、六回)通読しているわけだから、すぐ分かるのである。

一方、「もう一度最後まで読み通して、読めない字をさがし出す」という場合も存在する。「読めない漢字に赤線を引きなさい」という簡単な作業でさえ、このようなちがいが生じる。

次に赤線を引いた字の読み方を教えた。簡単に終えた。ここまでで、二〇分程が経過している。授業時間の半分近くを使っているのである。

さて、音読をさせたなら、次の内容は絶対に必要だ。

A　他人が読んでいるのを聞く。
B　一人一人に読ませてみる。

Aが必要なのは、「正しい読み方」を確認するためである。

「全員を起立させて読ませ、読ませた子をすわらせる」ことをしても、それは、やはり「あなたまかせ」である。本当に正しく読んでいるかどうかわからない。「まちがった読み」のままの子がいるかもしれない。いや、三三名の子供がいれば「まちがった読み」をしている子がいると考えて普通である。それは、直してやらなければならない。

Bは当然、音読の力を付けるためである。

幾分の緊張をしながら、みんなの前で読むのは大切なことなのである。

さて、私は一人に一文を読ませた。一丸(ひとまる)交代である。椅子に腰かけたまま読ませた。立ったり、腰掛けたりの時間がおしいからである。

ほとんどの子は三分程度で通読するようになっていたが、「一人一文」で読ませると、どのくらいの時間がかかるであろうか?

何度も言うように、これは小さなことである。しかし、小さなことを自覚して捉えることが、教師の腕を上げる上で大切なのである。

私のクラスでは、終了するまでに一〇分かかった。何カ所かまちがいがあって、爆笑が生じた。

ここまでで、三〇分が経過した。

一回通読。二回目は起立して通読。三回目は分からない字に赤線を引く。四回目は一人一文音読である。

しかし「読み」ということを考えれば、これでは不足している。もっと、読ませなければならない。

私は、時間が気になりながらも、次の指示を出した。

> 全員起立。何回も読みなさい。スラスラ読めるようになったらすわりなさい。

子供たちは微音読を始めた。緊張した空気が教室を流れている。全員が、音読に集中している。

時間が流れる。一分、二分、三分……。誰もすわらない。五分後一人がすわった。その後ポツリポツリとすわり始めた。六分後、続々とすわり始めた。八分後、終了させた。

全員をすわらせた。「みんな、すわりなさい」

全員黙って教師を見ている。残り時間は六分しかない。

私は静かに、言った。

作者と話者は誰でしょう。ノートに書いて持ってきなさい。

このような作業は、どれくらいの時間がかかるのだろうか？　見通しがなければ、六分間で授業はできない。しかも、ノートに書いて持ってくるのである。

三〇秒で一〇名が持ってきた。二分で全員終了である。

作者——大野允子
話者——くすのき（夜のくすのきもあった）

厳密に言えば、話者は転換している。そのことを書いてきた子もいた。つまり「何行目からはくすのき」となっていた子が数人いたのである。

時間があれば、これについてはとりあげる。しかし、ほんのちょっとしか時間がない。「くすのき」があれば○をつけた。

残された時間は数分である。

私は次のように聞いた。

「登場人物は誰でしょう。人間でなくても、人間のように書いてあるのも登場人物です」

ここで対立が生じた。三人という意見と五人という意見である。

三人という意見は、次のようである。

くすのき

親子（つまり女学生とぼうや）

それに対しては、反論がなされた。

「しあわせな親子」と「小さな親子」はちがう。

というものである。「三人」と主張していた子はハッとしたようだった。

「登場人物は誰か、何人か」という発問は、実はこのように、物語の大切な部分に目を向けさせたのである。

子供の意見は分裂する。しかし、二年生でも、「言葉」を根拠にしながら反論を加えるのである。

盛り上がったところで、チャイムが鳴った。私は、チャイムが鳴れば、授業を終了することにしている。いいところで残念だがしかたがない。

「二時間の実践」をもとに、シンポジウムで主張しようとしている以上、フェアにすべきだろう。実際は六〇分もの授業をして、それを一時間の授業として報告している実践家もいるが、そんなことはすべきではない。

法則化運動は、これまでの「形式」「嘘」などに飾られた研究から訣別して誕生したのである。「事実」を「事実」として主張すべきだ。それが、私たちの基本的態度である。

盛り上がったところで終了したが、「音読をしっかりさせたい」という目標はどうやら達成できた。しかも「話者・作者」と「登場人物」にまで触れることができた。二年生の授業ということを考えれば十分だろう。

しかし、それにしても、暑かった。ひどい条件だ。その中で、子供たちは、ここまでやったのである。

5　第二時間目（後半部）の授業

次の日、続きの授業をした。何といっても時間がない。

私は、公開発表、一学期の成績、夏休みの予定などの仕事をかかえる教務主任をしているのである。東京では、教務主任は学級担任もすることになっている。

それにしても、何で七月に入ってから教材を送ってきたのであろうか。途中で私は催促をしているのである。

「夜のくすのき」の後半の授業は、次のようであった。

「夜のくすのき」の授業　二時間目（後半）　一九八五年七月一〇日、三校時。

授業の準備がしてあるのを確かめてから、次のように指示をした。

全員起立。一回読んだらすわりなさい。

これは、どのくらいの時間がかかるものなのだろうか？

昨日の授業では、後半になるとほとんどの子が三分くらいで読み終わっていた。それが一日経つとどうなるのであろうか？　実は、読む力は、少し落ちるのである。

数字で示すと次のようになる。

一分後　　　　一名
二分後　通算　五名
三分後　通算一二名
四分後　通算二三名
五分後　通算三三名

昨日三分後には大半の子が読み終えていたのに、一日経つと三分の一の一二名に減ってしまっている。

しかし、五分後には全員の三三名が読み終わっている。ここで「いっぱい読ませた」ことの意味が感じられる。

国語の授業で音読をしっかりさせることは、つまりは「成績のよくない子」にとって必要なのである。

よく、民間教育団体の教師で「できない子を大切にする」と言いながら、音読などの基本をきちんとさせない人がいる。自分たちの手法、方法を教えるのに急なのである。このような場合、その教師の善意とは逆に、「できない子をそまつにしている」場合が多い。かえって、教育運動に自覚のない教師の方が「しっかり読ませる」ということをしているくらいだ。

さて、一回読ませてから、昨日の復習に入った。

私は次の質問を次々にしていった。

①　この物語の題は何ですか。
②　作者は誰ですか。
③　話者は誰ですか。
④　登場人物は誰ですか。

そして、昨日、盛り上がったところで終了した次のことを追加した。

幸せな親子と小さな親子は、同じですか。


この時は、全員がちがうという答えだった。

念のために、次の指示を追加した。

「『幸せな親子』と書いてあるところを指で押さえなさい」

「『小さな親子』と書いてあるところを指で押さえなさい」

ここまでで、およそ一〇分である。

これから、本日のメインテーマである。

私は次の発問――指示を与えた。


それぞれのカギカッコは誰のことばですか。カギカッコの上に言った人を書きなさい。

カギカッコは全部で二〇カ所出てくる。

そのうちの一つ「くすのきまち」は、バス停の名前であって、会話の文章ではない。二年生の子供に対しては、こういうこともしっかり押さえなくてはならない。

残りの一九カ所は、ほとんどが「くすのき」の独り言である。これは、二年生にとってもやさしいことであった。

カギカッコの上に通し番号を①から⑳まで付けて、一つ一つ聞いていくと、ほとんど全員の子が手をあげた。

こういう時は、時間をかけないで、さっと進めていく(ところで、カギカッコの上に通し番号をつけさせるというような技術は小さいことだけど大切なことなのである。およそ、授業とは、このようにささやかな、片々の技術に支えられているのである)。

ところが、一カ所だけ大論争になったところがあった。次の部分である。

⑫「さあ、ちゃん。」
⑬「はいよ。」
⑭「か、あ、ちゃん。」

⑭の「か、あ、ちゃん」は、子どもはすぐ分かった。
これは、ぼうやが言っているのである。

続けて⑮では、母親役の女学生が「かあちゃんよ。さ、おいで」と答えている。

ところが、分からないのは、⑫と⑬である。「二人で会話している」ことや「口調」から考えれば、⑬は、母親役の女学生が言ったのだということを子供たちは考え出した。

二年生の子どもでも「会話の順番」や「口調(言い方)」を根拠として示すのである。

問題は、⑫である。

> 「さあ、ちゃん。」とは何かということである。

どうやら、「ぼうや」が言っているということは分かる。しかし、意味が分からない。

その時の討論では、次のように意見が分かれた。


㋐「かあちゃん」の方言(なまりことば)が「さあちゃん」である。　一五人

㋑「さあ」は呼びかけことばであり、「ちゃん」が「かあちゃん」のことである。つま

り「さあ」＋「ちゃん」からできている。　六人

㋒これは、ぼうやの名前である。「さあ」君なのである。　五人

㋓「女学生」の名前である。「ぼうや」が「女学生」の名前を呼んだのである。　四人

㋔この文章を書いた人か、印刷した人のミスで、本当は「かあ、ちゃん」である。

二人

これは、二年生としては、なかなか見事な論理だといえる。

多くの意見が出たら「一番だめなものを選ぶ」というのが授業の基本である。二回だけやってみた。だめな第一候補は㋒であった。会話の順を考えれば「ぼうや」が言っていることになる。それなのに、この意見では、次のようになる。

女学生「さあ、ちゃん。」
女学生「はいよ。」

これは、おかしいというのである。主張していた子も納得した。

次に候補に挙がったのは㊁の「女学生」の名前であるという意見である。作品の中に次の文章があるというわけである。

ぼうやをだいてうたっているのは、おさげのかみの女学生でした。
なみだをためて、見もしらぬぼうやのために、子もり歌をうたっているのです。

女学生から見て見も知らぬぼうやなのだから、ぼうやも女学生のことを見も知らぬはずだというわけである。それなのに「さあ、ちゃん」という名前を呼ぶのはおかしいというわけである。

これも、納得された。

ところが、残る意見については、甲乙付けがたかった。つまり次の三つである。

① 「さあ、ちゃん」は「かあちゃん」のなまりである。
② 「さあ＋ちゃん」である。
③ 印刷ミスである。

「どれも考えられる」ということでこの問題を終了した。

ここまでで、三〇分が経過している。

次の問いを私は出した。

> 「昔のはなし」は、どこからどこまででしょうか。文章に区切りを入れなさい。

後から、二行目までであるというのは簡単であった。最後の二行は現在のことである。全員がすぐに見付けた。

問題は前半である。初め子供たちは、次のところまでを現在のことと考えていた。

> 夜空がまっかにそまって、ヒロシマの町が、焼けていった夜のことです。

この後から、昔の話に入っていくというのである。

ところが、その後、「くすのきは、町が焼けていくのを見ました」という過去のことが書かれていて、次に「おそろしいばくだんだった」という現在の心が書かれているというわけである。

子供たちは、「今のこと」と「昔のこと」が、ごちゃまぜに出てきて、「どこからが昔の話か」ということが言えないというのである。二年生でも、このようなことに注目できる。私はびっくりした。

ここまでで四〇分経過、残りが五分ほどあった。

「この作品のおかしなところを言いなさい」と子供たちに聞いた。

子供たちは次のような発言をした。

「二行目の『大きなくすのきが立っていました』というのは、今のことだから『立っています』でなければおかしいです」

「太い幹でしたも、太い幹ですとなります」

「昔のことと、今のことが、ごちゃまぜに出てきておかしいです」

このようなことを次々と言った。

時間が迫ってきていた。

「全員起立。一度読み終わったら休み時間です」

ほとんどの子が読み終わったときチャイムが鳴った。

これが、私の二時間の授業である。

次の日、広島から転校してきたN・Nさんが、広島の「夏休み帳」を持ってきた。発行は広島県の編集委員会である。その中に「よるのくすのき」が入っていた。ところが、この記述があちらこちらちがっていた。彼女は私にそれを示したかったのである。「言葉」に敏感になってきているのである。

さて、この授業で私が話したかったのは次の二つである。

> ① 国語の授業である以上いかなる場合も、「読む」ことを重視する。
> ② 「言葉」の検討を促す発問を重視する。国語の授業である以上、「言葉」をもとに授業をするべきである。

七月八日に教材が届くというひどい状態の中で、しかも、私に与えられたさまざまな仕事のあいまをぬっての、私の精一杯の実践であった。

この実践に対して、私は言い訳をしない。

「もし五時間あったら」とか「もし高学年であったら」といった言い訳をしない。私は、教師の仕事についてから、今日まで、そのような言い訳をしたことは一度もない。

人はそれぞれに条件をかかえているのであり、その中で仕事をしているのである。

自分のやった仕事に対して言い訳をするような人間は、しょせん、二流、三流の仕事しかできない。いかなる仕事であっても、それは同じである。

逆に、自分の仕事を「否定的に評価できる」人は伸びる。もちろん、格好をつけた「全部否定」「おつきあい否定」はだめである。そんな人はいくらもいる。

そうではなく、本音で、自分の良さを主張しながらだめなところを「具体的にえぐり出す」ことができる人は伸びる。

6　授業実践の報告は私一人だった

私は、以上の二時間の実践をもって広島に出かけたのだった。朝一番の新幹線に乗って広島に向かった。

シンポジウムは、その日の一時半から開始された。

シンポジウムに先だち、パネラーがテーマに対する主張を一〇分ずつくらいの時間で述べた。当然ながら、私は時間どおりに終了した。ほとんどのパネラーが、時間をオーバーした。「与えられた時間を守る」というのは、法則化運動のルールである。まして、講演会などとちがって複数のパネラーが共有し、分け合う時間である。

パネラーの一通りの発言が終わったあたりで、私はびっくりしてしまった。

何と、指定教材「夜のくすのき」の授業をしていったのは、私一人なのである。

シンポジウムに集まった人々は、それぞれの研究団体を代表する実践家である。「事務局長」などの重職につかれている人も何人かいる。

その中で「この教材でどんな力を育てるか」というテーマで、教材を指定されて討論するのに、授業をしていったのは、私一人なのである。

当然ながら、私と他の人々では、基調提案の内容がちがってくる。

他の人々は、「文学教育」についての、自分たちの団体の理念をまず語った。これだけで終わった人もいた。読者諸氏も経験があるだろうが、「理念」だけを延々と語られるのは、かなり苦痛なものである。

「夜のくすのき」はどこへ行ったのだ！　と私は叫びたかった。何のための「指定教材」なのかと思った。「夜のくすのき」を教材として授業を行い、それをもとにしながら自分たちの主張を述べるのなら分かる。ところが、そうでないのだ。

会場には二〇〇〇名近い人々がいた。女性が多かった。

法則化の合宿は、若い男性教師が圧倒的に多いから、異質な感じがした。

私は、次のように発表を始めた。

「会場に女性が多いので圧倒されています。きっと西郷先生の魅力なのでしょう。その点、私は魅力がないもので、法則化の合宿は若い男性教師がほとんどです」

もちろん、これは、客分の礼儀としての発言である。私としては、「若い男性教師が圧倒的に多い法則化運動」の炸裂するような巨大なパワーに誇りをもっていた。

続けて、次のように言った。

「私は小学校の教師ですから、自分が実践した授業に基づいて報告します。実は、教材が私の手元に届いたのが七月八日だったのです。二年生を担任する私は、二時間の授業をするのが精一杯でした。では、その授業について報告します。さきほど、事務局長が、送付した教材にまちがいがあります。『さあ、ちゃん』ではなくて『かあ、ちゃん』ですと言われました。今さら言われても困ります。私はこれで授業をしてしまっています。与えられた教材で討論をするわけですから、今さら修正されると、私の立場がなくなります」

ここで会場の人は、ドッとわいた。

というわけで、前述した授業について発表した。その授業を通して二つの主張をして私の基調提案を時間内に終了した。

一通り発言が続いて、補足発言となった。私は次の点を強調した。

これだけの先生方が集まってシンポジウムが開かれるのに、授業をやってきたのが私一人であることにびっくりしています。

実践家は、「授業」の事実をもとに、自分の考えを主張すべきだと思うのです……。


しばらくして、会場の意見を求めることになった。五、六人が発言したのだが、質問相手は私に集中した。どの人も、「向山先生にお尋ねします」と始まるので、しまいには、会場の人は、そのたびにドッと笑うほどであった。

会場からの質問は、女性が多く、ほとんど私に批判的であった。それはつまり、「これは文学の授業ではない」というものであり「つめたい授業である」というものであり「心を育てることにならない」というものであった。

私は、質問のたびに次のように答えた。

「すぐれた文学作品なら、読み手に感動を与えます。すぐれた文学作品を教材とする――これが文学の授業の前提です。しかし、クラスの子全員が同じような感動をもつとは限りません。一人一人体験がちがうからです。教室での授業では『読み方』を育てるべきで、『同じ感動を強いる』ことであってはならないと思います。私も、あなたも同じように熱い血が流れています。すぐれた作品を読めば感動します。しかし、国語の授業とは、それを子供に強いることではないと考えているのです」

あるいはまた、次のように述べた。

「もしも、この教材が、もっと早く送られてきたのなら、私だって、授業の方法がちがっていました。しかし、教材は七月に入ってから送られてきたのです。私は、悪条件の中で、精一杯の授業をしてこのシンポジウムに臨みました。他の方々は、みんな授業をされていません。どちらの態度が、実践家としてのあるべき研究の態度かお分かりいただけると思います。もしも、五時間の授業をするのなら、私も「ゲンバク」にもっと迫って授業をしていたはずです。熱い血が通っている向山でした」

最後のくだりで会場は爆笑につつまれた。

私に対して、批判的ではあったが、いやなムードではなかった。感動を重視する文芸研の基本的立場とちがうから異論が出たのだった。当然のことである。異論の出し方にも、知性が感じられてすがすがしかった。

途中で、パネラーのお一人河野幹雄氏（同和教育における授業と教材研究協議会）は、私の報告に対して「これは授業ではない」と発言された。

この言葉は聞きずてならない。

「これは、ひどい授業である」と言うなら分かる。

「これは、私の授業と異なる」と言うなら分かる。

しかし、「授業ではない」と言うのだ。

では、私に授業を受けた子供たちはどうなるのだ。私の子供たちは「授業ではない」ものを二時間受けたことになる。これは、子供に申し訳ない。「授業でない」ことをしていたのでは、これから、メシの食いあげになる。

フクレタ腹をぐっとおさえて、にっこり笑ってマイクをにぎった。

「河野先生は、私の報告は『授業ではない』とおっしゃいますが、どこがどのように授業ではないのか、ぜひともお示しください。私にとって大切なことですから、ぜひ論文の形でご発表ください。もし、ご発表の舞台がないのなら、これから私が編集長として発行する予定の『教室ツーウェイ』誌の誌面をお空けします」

これは、当日、会場に参加されていた方々が聞かれたとおりである。

河野氏は逃げられた。「論文という形では書かない」ということであった。これも、当日参加された方が聞かれたとおりである。

後半になると、会場の中から、若い男性が発言するようになった。これが、何と、法則化運動の支持者だったのである。

「私は法則化運動を支持しています」

こういう発言があった後、会場に一瞬どよめきが走り、拍手が起きた。法則化運動が発祥して、間もないこの時に、すでに法則化運動は、若い教師を捉え始めていたのである。

シンポジウムを終えて、文芸研のサークル交流会のパーティーに出席した。参加者は五〇名近く、みんな文芸研の活動家である。

この場でも、発言を求められ、私は法則化運動の支持を訴えた。音曲でにぎやかだった会場が、だんだんと静かになって、いつの間にかシーンとして私の言葉に耳を傾けていた。教育技術の法則化の必要性を訴える私の話を聞いてくれたのである。

すぐに足立悦男氏（大阪教育大）がマイクを握って、「たった一人、言うなれば敵地で、熱心に法則化の必要性を訴え続ける向山氏に心を動かされた。向山氏の新しい面を見た」と語ってくださった。

その後、松山に渡り、丸亀市で一泊して帰京した。

以降文芸研のシンポジウムに参加していた教師から次々に便りをもらった。『教室ツーウェイ』誌(一九八六年七月号)の読者欄に載った次の便りもその一つである。

初めて応募します。

去年の文芸研究全国大会(広島)で向山洋一という人物を初めて知り、その夜の立食パーティーで、つくづく大がらな人だなあと思いました。その後、法則化関係の本は、読みあさりました。ああ、全国には、すごい人が、やっぱりいるもんだなあと思いつつ、あの江戸幕末・明治維新の若者のエネルギーとは、もしかすると、こんな感じではなかったのかな、と考えたりしました。

三年目を迎え、さあやるぞという意気ごみで頑張っています。何はともあれ、まずは何かを応募しようということで、先週の木曜日に実践したゲームを応募します。つまらないという算数を少しでも楽しくさせようと考えたゲームです。結果は、大成功でした。

また、これからもいろいろ実践して応募していこうと思います。

〈広島市　E・A〉

あのシンポジウムの席にいた人で、新たに法則化サークルに参加した人は二〇名を超えている。

私が、授業をして事実をもって主張したことは、無駄ではなかったのである。「事実」をもって「現実」を語る。教育研究では、あるいは教育実践ではこれが最も大切なのである。

7　法則化批判者の水準

さて、ここで同じシンポジウムに出席した川野理夫氏（教科研国語部会）の向山批判を見てみよう。

川野理夫氏といえば、民間教育運動を代表する国語の実践家である。著書もある。教科研国語部会の代表として、シンポジウムに出席したほどの人である。

この川野理夫氏の向山批判が、シンポジウムからほぼ一年たったころ『ひと』誌一九八六年六月号に載った。

『ひと』誌は、「向山の広告を載せない」ということで、広告契約を破棄する信じられない行為をした雑誌である。

「向山憎し」の、意図もあったのかもしれないが、とにかく『ひと』編集委員会は、川野理夫氏の向山批判を掲載した。

次の文章である。まず、じっくり読んでいただきたい。

じつは、昨年の八月、「母さんの歌」をテキストにしたシンポジウムに出席して、私は動転させられた。あとで聞けば、いま全国にもてはやされているというM先生のことである。M先生は、このシンポジウムのために、二時間かけて授業をしてきたそうである。さすがだ。ところが、その授業がひどすぎる。私の記憶によれば、まず、範読をしてやる。つぎに、何人かの子に音読させる。そのあと、「あと○○回読んだ子は外に出てよい」という課題を与えるのだ。つぎの日も、ほぼ同様で、まず何人かの子に朗読させ、そのあと「あと○○回読んだら……」というぐあいなのだそうである。

一〇〇〇人を超す人びとに向かって、さわやかに語り続けるMさんの得意然とした態度に、私のほうが、いっこくも早くそこを立ち去りたい焦燥にかられたのだった。

Mさんほどの売れっ子が、なぜこんなのを授業というのだろう。Mさんの学級の子たちは、こんなふうにでもしなければ、集中することができないのかもしれない。もしかしたら、文字を音にかえることさえ不自由なのではあるまいか。そういう現実のなかで、子どもはある方法を講じてさせなければなにもできないと思いこみ、この方法こそが、この子たちのための授業なんだとMさんは、きめこんでいるのかもしれない。

そんなことを思いながら、ふと、ところで、Mさん自身は、「母さんの歌」を読めているのだろうか、とついうたがってみたのだった。作品に心打たれているのなら、なにはともあれ、その感動を子供にも共有してもらいたいと思うのが教師であるはずなのに、ともうがってしまうのだった。


ここに書いてある「いま全国にもてはやされているM先生」とは私のことである。

昨年の八月の一〇〇〇人を超すシンポジウムとは、文芸研大会でのことである。

「母さんの歌」をテキストにしたとあるが、これは「夜のくすのき」とする方が正しい。


川野氏は「私の記憶によれば」と前書きをしてある。一応、逃げ道を用意したのだろう。

しかし、汚い！　M先生も向山とはっきりさせるべきだ。

青年教師は、いや教師なら誰もが、こういうのを嫌うのだ。

こんな逃げ口上を言わずに、堂々と批判をすればよい。

さて、川野氏によれば、私の一時間目の授業は次のとおりになっている。

> まず、範読をしてやる。
> つぎに、何人かの子に音読させる。

そのあと、「あと〇〇回読んだ子は外に出てよい」という課題を与える。


これで、私の一時間は終了したことになっている。

さて、私の報告を読めば分かるとおり、これは私の授業とはちがう。「全くちがう」と言ってもいいほどちがう。

私は、二時間で「夜のくすのき」を扱うなら、という前提で授業を組み立てた。教材が送られてきたのは七月八日だから、それしか時間がとれなかった。その二時間で扱うとしたら、ということで、「しっかり読む」ということを重視した。

しかし、川野氏のような方法ではない。

そもそも「あと〇回読んだら」という形式的方法を私はとらないのである。しかもこの授業の中で、「話者と作者」を扱い「登場人物」についても扱っている。この「登場人物」の捉え方のちがいが、読みを深めることにもなっている。

川野理夫氏は、私の報告をなぜこのように紹介したのだろうか。

「向山憎し」ということもあるだろう。しかし「向山憎し」なら、なおさら、正確に紹介してその上で批判すべきなのだ。

ところが、川野氏の「向山の授業の紹介」は、原型を全くとどめていない。

実は、この報告は「川野氏自身の授業の反映」なのである。

私たちは「○○回読んだら」というような形式的な指導をしない。音読に限らず他の場面でもしない。私たちの概念枠にこのようなことはないのである。

私の報告を正確に受けとらず、このようにしか表現できない川野氏は、授業技術が低いのである。民教連関係の名高い実践家が、この程度のことしか書けないのは残念なことだが、事実だからしかたがない（川野氏が反論を発表されれば、それに対して、あるいは氏の著作をとりあげて、再度批判してもよい）。

民教連の若い教師は、川野理夫氏の文章を見てがっかりするだろうが、でも、もともとここら程度の力だったのである（しかしひどい文章だ。それが国語教育の権威だという）。

民教連関係の研究者の方々も、これを読んで失望されるだろうが、でも、その方がいいのである。今後、民教連の若い方々が、こうならないようにご援助いただきたい。「事実」をもとに「実践」をもとに、堂々と論陣の張れる民教連の実践家を育てていただきたい。

さて、川野氏の文章をもう少し続けよう。

私の二日目の授業は、川野氏によれば次のようであったという。

つぎの日も、ほぼ同様で、まず何人かの子に朗読させ、そのあと「あと〇〇回読んだら……」というぐあいなのだそうである。

これは、もう「デタラメ」というよりは「デマ」である(はっきり「デマ」である)。

私が、次の日に授業したのは次のことである。

①　一回、音読
②　復習、題、作者、話者、登場人物
③　「カギカッコは誰のことばか」
④　「さあ、ちゃん」の解釈
⑤　「昔の話」の範囲の検討
⑥　おかしな表現の検討
⑦　一回、音読

どうして、この授業が「何人かの子に朗読させ、そのあと『あと〇〇回読んだら……』ということになるのか？

川野理夫氏は、私の報告の中心②③④⑤⑥のすべてをぬかしてしまっているのである。

これは「記憶ちがい」というような代物ではない（はっきり「デマ」である）。

私の授業をすべてぬかしたと言ってもいいのだから……（はっきり「デマ」である）。

記憶喪失――という表現の方がぴったりとする（いや、やはり「デマ」である）。

さて、川野氏は、ありもしない私の授業をでっち上げて、授業の解釈を示してくれる。

> 「Mさんの学級の子たちは、こんなふうにでもしなければ、集中することができないのかもしれない。」

私は、この文章にも川野理夫氏の教師としての品性の低さを見る。川野氏は、私のクラスの「子供たち」を侮辱しているのである。

その当時私のクラスは、理科の授業を公開した。私のクラスを参観した全国三八都道府県の教師は五〇〇名いて、ある教師は次のように感想を書いている。

次々と本を読むなかで、常に考えていたことがあった。向山氏の授業を見たい、ということである。そして、それは今年の二月十日に実現した。例の調布大塚小での公開発表である。

私も雪の信州よりかけつけ、すし詰めの家庭科室で参観した。右手にカセット、左手にノート、というスタイルで一時間がんばった。

「わかる・できるを目指した授業」

という明快なテーマにもびっくりしたが、何よりも授業に圧倒された。

学級指導も含め一時間の中で見えたのは、日頃の指導の奥深さと学級づくりの良さであった。

とにかく、「参りました」の一言だった。帰途、信越線の車中で私は一人祝杯を挙げた。

そうして、「法則化運動」への連帯宣言をした。

（村山泰弘『教室ツーウェイ』一九八六年七月号）

私のクラスの子供たちは、参観者に「参りました」と言わせるほどの授業をしたわけである。

川野氏は、「ありもしない授業」をでっち上げて、その私のクラスの子供たちを侮辱した。

これが、民教連の一方を代表する国語の実践家なのかと思うと情けなくなる。私は、多くの研究者を批判してきた。かなりの実践家を批判してきた。授業についても、批判をしてきた。

しかし、そのクラスの子供たちを批判したことはない。どこの子供たちも、われわれ教師には、大切な宝なのだ。子供を侮辱してはいけないのである。

それが、教師というものではないか。

それを、あろうことか、子供を侮辱する。これが、教科研国語部会を代表する実践家なのだ。情けなく思うのは私一人ではあるまい。

その上さらに川野氏は、私の読解力を心配してくれる。

> ところで、Mさん自身は、「母さんの歌」を読めているのだろうか、とついうたがってみたのだった。

自分のことを棚に上げて、他人を非難する傾向は、教師の世界にはある。しかし、これほどひどい例はあまりあるまい。川野氏には、他人をとやかく言う国語力がないのである。こういうのを、何とたとえるのだろうか？「厚顔無恥」とでも言うのだろうか。

川野理夫氏は、私の報告をまるでデタラメにでっち上げて紹介した。何せ、私の授業の中心部分を全部、なくしてしまっているのである。

その「ニセ報告」「デマ報告」をもとに、私のクラスの子供たちを侮辱し、かつ私の読解力を疑い、そして「ひどい授業だ」と断定した。そしてこれを教育雑誌に発表したのである。

川野理夫氏が、記憶喪失に近い症状にあることや、「事実」に基づかないことを述べるペテン師であることや、「子供」を侮辱できる品性低き人間であることはさておこう。

問題なのは、このような「デタラメな報告」を載せた『ひと』編集委員会と執筆者川野理夫氏の責任である。

これは、このままですませるべきことではないだろう。

まずは『ひと』誌と川野理夫氏が自発的に自らの誤りを明確に謝罪すべきであろう。もしそうされない時は、しかるべき方法を考えなくてはならないと思っている。

「嘘」や「にせもの」や「子供への侮辱」に対しては、法則化運動は敢然と一線を画している。そのような非道を許してはならないのである。

私は、批判なら歓迎する。

批判があるからこそ、研究はすすみ、実践はみがかれるのである。

批判は、相手の言っていること、やっていることを正確に引用してするのが前提条件である。相手の言っていることを、ねじまげて紹介するなどということは真理の世界では許されないのである。相手の言っていること、やっていることを正しく引用、紹介し、その上で堂々の論陣を張る――学問とはこうすべきなのである。

正々堂々と論述すべきなのだ。具体的事実に基づき、論を展開すべきなのだ。

私の足もとをゆるがすような、正々堂々とした批判なら、私は傷つき倒れても相手に敬意を表する。

それが、研究を志す人間の、価値ある教育を創りたいと考えている人間の心構えである。

8　授業の腕を上げるために

本章で私が言いたかったことは、次のことに尽きる。

教育の主張は事実で示せ！

理念で語る教育の姿はもろい。時には、口あたりのいい言葉が人々の心を捉えることはあるが長続きはしない。

川野氏だって「子供を大切にする」理念を語り続けてきたのであろう。しかし、事実は「向山学級の子供たちを侮辱する」ことを平然と書いてしまった。こういうことを書くことに痛みを感じなかったのだろう。

私は、たとえ親の仇が担任するクラスの子供たちであっても、子供を侮辱することは書けない。多くの教師は同意してくれるだろう。

だから教師なのである。

医師にたとえよう。たとえば、親の仇が瀕死の重症で治療を求めたとする。医師はどうするだろうか。

多分、ほとんどの医師は治療するだろう。私はそう確信する。殺したいくらい憎い相手でも、医師なら病気を治す。これが医師の倫理であろう。

子供を侮辱しないということも教師の倫理である。子供を侮辱する教師が、いくら口あたりのいい言葉を使っても、私はそれを信じない。

「具体的に何をしたか」こそ、最大の問題なのである。教育の主張は「事実」でしていくべきだ。


「事実」は強い。説得力をもつ。

事実に支えられた教育の主張は他の人の役にも立つ。このように「事実」で主張していく心構えが、腕を向上させていくのである。

川野氏はあやふやな記憶をもとに理念を展開した。

向山は事実を示し、川野氏の文章を引用して反批判をした。「事実」が強いのである。

川野氏の文章は事実の前に砕けたのである。

「理念」で語るクセをつけた人は、何年「サークル」をしても、何年「研究」をしても、腕は向上しない。何年もやったという思い上がりだけが残るのがオチである。川野氏が、その一つの例である。

川野氏の文章と向山の文章の最大の差は、事実を示して論を展開しているかどうかである。たとえ、それが、どれほど拙い「事実」でも、「事実」から教育を主張する人だけが、上達のステップを上がれるのである。

なお、当時のシンポジウムの貴重な音源が残っていた。向山のシンポジウムでの発言はTOSS動画ランドで見ることができる。この文章と併せて聞くと当時の様子が分かるだろう。

第2章

運動会応援団の指導

1　花の応援団の発祥

調布大塚小学校の運動会で応援団を担当することになった。かなり前のことである。それまでの応援団は、人数の制限もあって、応援の形も単調なものだった。

その当時、特別活動を専門とする教頭がいた。後藤隆氏である。私は、特活部の主任であって、後藤氏と私の意見は一致するところが多かった。

運動会についていえば、たとえば次のようなことである。

> ⑴　開会式、閉会式の形を改めて、児童が活躍できる方法をつくり出す。
> ⑵　高学年の児童全員（二〇〇名）を、何らかの係にする。

運動会が大切な場である以上、このように子供が成長する場を確保することも必要だと考えたわけである。

当時の開・閉会式の司会は教頭であり、ひどく形式的であった。「はつらつ」とした動きがなかったのである。

また、高学年の児童を一応、係にすることになっていたが、苦情があちこちから出されていた。

たとえば、放送係は一〇人もいればそれでよく、二〇人も三〇人もいると仕事にならないというわけであった。採点係、審判係なども人数が決まっていて、二〇〇名全員を係につかせることはたいへんであった。

しかも、各係は「気のきいた子」が優先してなることが多かった。「気のきかない子」は、「児童係」などという、あってもなくてもいいような係になっていたのである。

「気のきいた」何割かの子が、活躍できるようになっていて、「気のきかない」多くの子は、何の魅力もない仕事についていた。私は、これを何とかしなければならないと思った。

私が目を付けたのは応援団だった。


運動会の係を決める職員会議で、私は次のように発言した。

各委員会で余る子がいたら、できるだけ応援団にしてください。

こんなおとなしい子がとか、こんな腕白坊主がとか考えなくてけっこうです。

また、赤白のバランスを考えなくてもけっこうです。

人数はいくらいてもけっこうです。


私のこの提案は、大歓迎された。それは、今まで、人数制限、人数わりふりなどを考えなくてはならなかったのに、そうしたことは一切必要ないということになったからである。

体育館に集まってきた応援団の子は、いわゆる「応援団」のイメージからは、かなり遠いものであった。

ありていに言えば、「気のきかない子」の集団であったわけである。つまり、「ものすごいおとなしい女の子」と「騒々しい腕白坊主」の集まりだった。

人数も一〇〇名以上という大集団である。この騒々しい集団を「カッコイイ、花の応援団」にしなければならないわけである。

第一回目は、応援団の組織を決めた。まずは、赤・白ともに団長一名、副団長三名を決めた。

決め方は、すべて「立候補」である。「誰がなってもよい」と強調する。

団長には二、三名の立候補、副団長には一五名ほどの立候補があって、ジャンケンとなる。多数の場合はジャンケンにする。

次に、一年担当責任者、二年担当責任者などを決めていく。一二名必要となる。半数以上の子が立候補する。これも、ジャンケンである。そして、残りの子を、各学年に配分するのである。

さて、その後、私はどのように指導したのか、新牧賢三郎氏の報告で見てみることにする。

実は新牧賢三郎氏は、私が調布大塚小学校を離れる直前の二年間、私と共に応援団の担当をした。そこで、私の指導方法を記録したのである。

私が去った後、新牧氏は応援団の担当者を続け「カッコイイ、花の応援団」を存続させたのだった。

以下、新牧賢三郎氏の記録と私の追記を示す。

2　応援団集合　新牧賢三郎

(1) 応援団の構成

二〇分休み、体育館に応援団を集めた。この時、まだ応援団員が何人になるのか、分かっていない。何人でもよいのである。赤白の人数のバランスも関係がない。

応援団は子供たちにとって人気が高い。しかし、エリートの集団ではない。寄せ集めの集団である。五年生、六年生であれば、なりたい人は誰でもなれる。だから、よけいに人気が高い。

調布大塚小学校での応援団の構成は次のようになっている。

> ○運動・飼育両委員会のメンバー全員
> ○右記以外の委員会で運動会の仕事がないもの全員

(2) 役の決定

バスケットボールのセンターライン上に向山先生が立った。

「赤組の人は入り口側、白組の人は舞台側に移動します」

センターラインを境に子供たちを分けた。一言で百余名の子供が動く。

「今から団長を決めます。多かったらジャンケンで決めます。団長に立候補する人はいませんか。五秒待ちます」

赤白ともに、男子が一名ずつ立候補して、団長になった。

役の決め方は次のとおりである。

① 立候補する。
② 六年生が優先する。
③ 多かったらジャンケンで決める。

続いて、副団長を決めた。副団長には多数の立候補があった。そこで、前記の原則によって、ジャンケンにより副団長を決めた。

応援団の役は次のようになっている。

① 団長（六年）……一名
② 副団長……三名（六年……二名）（五年……一名）
③ 一年から六年までの各学年責任者……各一名

一年から六年までの各学年責任者に立候補する人を図のように並べた。

センターラインに直角になるように一列に並べる。教師の立った端の方から一年、二年……六年とした。

各学年責任者も三つの原則に従って決定した。決定後、責任者だけはそのまま、ラインに沿って立たせておき、他はすわらせた。

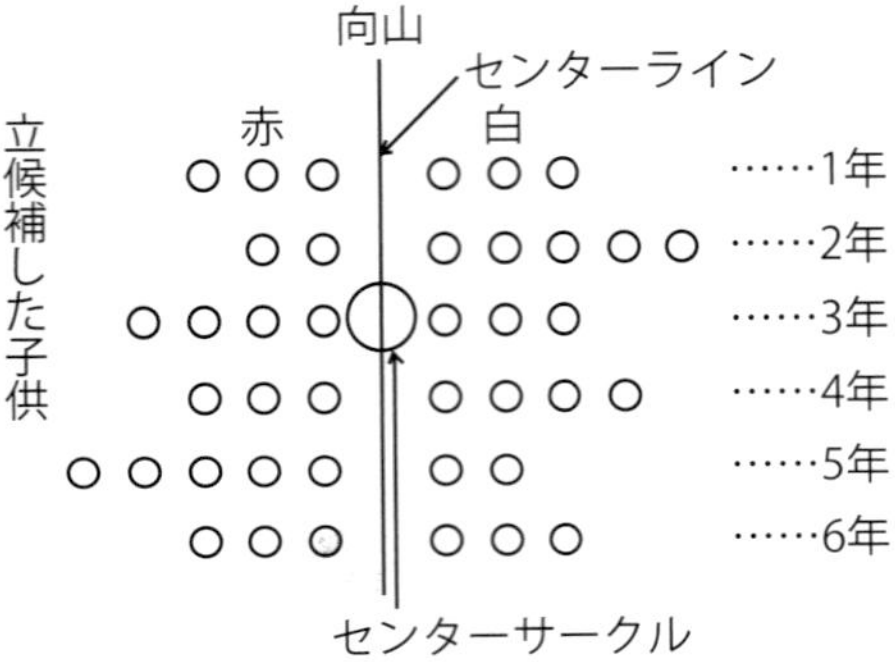

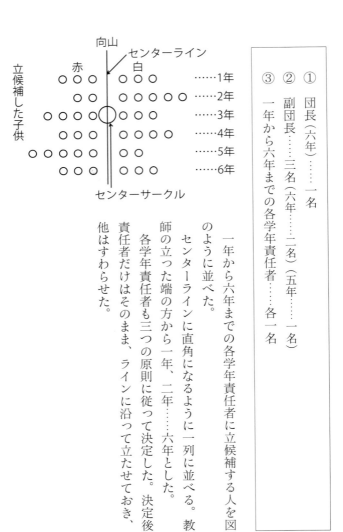

（3）学年の担当を決める

今から、学年の担当を決めます。自分の担当したい学年のところに行って責任者の後ろに並びなさい。

子供たちは、自由に学年を選び、希望する学年の責任者の後ろに並ぶ。先ほどの各学年責任者を決めた時と同じ並び方である。

この方法だと、当然、各学年でバラツキが生ずる。五年生は五年生担当になりたがり、人数が集中した。六年生は六年担当と一年担当の二つに分かれた。

これでいいですか。多いところにいると何もできませんよ。少ない学年がありま す。いいですか。

この向山先生の言葉で、子どもたちは少し移動した。だんだんと人数が平均化されていく。子どもたちが動かなくなったところで、全員をすわらせた。

人数を調べた。

〔赤組〕五六人

○団長……一人　副団長……三人

○一年担当……七人　○二年担当……九人　○三年担当……九人

○四年担当……六人　○五年担当……一五人　○六年担当……六人

〔白組〕五六人

○団長……一人　副団長……三人

○一年担当……一〇人　○二年担当……九人　○三年担当……九人

○四年担当……一一人　○五年担当……八人　○六年担当……五人

「連絡をします。本日の一二時三〇分に、体育館に集合します。では、解散」

以上で、一回目の練習が終わった。指導した時間は約一五分間である。これだけの短い時間の中で、一一二名の子供を動かす。応援団の組織づくりをする。ムダなことを行っている時間がない。

向山先生の指導を見ているとムダがないことが分かる。子供が何をしてよいのか分からないという空白の時間がない。指示にもムダな言葉がない。そのために、短時間で事を成すことができる。

――以上、新牧記録――

以下は向山の追記である。

私は一五分間で、応援団の組織を作ったことになる。

私は笛を吹かない。大声を出さない。静かに話をして子供は集中する。一〇〇名以上の子供が体育館に集まれば、確かに騒然としている。静かにさせなければならない。

普通、子供たちをすわらせる。両手で「すわれ」というアクションを示して、静かに「すわりなさい」と言う。もちろん、まだ立ったままの子がいる。

そこで、もう一度言う。「もう一度言います。全員すわりなさい」

どこの学校でもそうだろうが、ここまでしても、すわらない子がいる。こんな時、怒鳴らなくてもいい。その子を見つめて、じっとしていればすわる。あるいは、「立っている子をすわらせてください」と言えば、まわりの子がすわらせる。

次に、身体を、こちらに向けさせる。

「おへそを向山先生の方に向けなさい」

これは、ほとんどの子がさっとする。続けて次のように言う。

「みんなは、体育館にすわる時、そのようにすわるように習っているのですか？」

これだけで、背すじが伸びて、体育ずわりになる。そして、静かに言う。

「これから団長を決めます」

新牧氏の報告では、この部分がぬけている。

当たり前の人には、当たり前の指導なのだが、若い教師には、ここらへんでつまずく人もいると思い、あえて付け加えた。

さて、こうして組織ができるのだが、各担当学年の人数がバラついている。赤組の五年担当は一五人もいるのに対して、四年担当は六人である。これでいいわけだ。子供の「この学年を担当したい」という意志を最大限、汲みとってやるべきなのである。

両足を開き、休めの形にする。応援団は、「かけ足」「演技」「休め」の三つの動作しかないことを伝える。

解散の時、起立して腕を後ろに組ませ、次の集合時間を告げて解散する。これは鉄則である。

3　ハチマキを巻く　新牧賢三郎

　昼休みに子供たち全員を集めて向山先生は言った。

「立っている人、すわりなさい。なるべく前に集まりなさい」

　赤組の応援団からハチマキをわたした。一年担当の団員から順番にとりにこさせた。赤組が終わると同じように白組にもハチマキをわたした。

　このハチマキが長い。二m七〇cmもある。ハチマキをすると背中を伝わり、腰やひざの後ろまでハチマキの先端がくる。だからカッコイイ。だから人気がある。先輩から引き継ぐこのハチマキをしてみたいと思って応援団に入る子供も多い。

　ハチマキの幅は六cmほどである。人数が多くてハチマキが不足する時は、布を裂いて子供にわたす。子供は家の人にまわりをぬってもらう。

　子供たちはハチマキをもらったら、すぐにハチマキをする。それだけで変身した気分になるのである。

> ハチマキをとって下に置きなさい。今から、ハチマキの練習をします。六〇秒以

内にハチマキをします。できたらすわります。

笛の合図で開始した。向山先生は、「一、二、三……」と数えていく。六〇まで数えてやめさせた。そして、〃一分間〃が応援団にとって、いかに大切な時間なのかを次のように説明した。

一分間というのは、応援団が演技する時間です。出ていって、応援して、帰ってきて、一分です。

ハチマキに要する時間を短くした。

一〇秒以内にハチマキをします。どのようにしても構いません。できた人は「できました」と言って、すわります。

〃どのようにしても〃がポイントなのである。早くハチマキをする工夫を子供たちは始める。

向山先生は、こうしたら早くできます、などとは決して言わない。子供がまねでもよいから体得するのである。

笛の合図で始まった。一〇秒後、立っている子供は約三分の一くらいであった。

さらに、ハチマキに要する時間を短くする。

今度は三秒以内です。

三秒以内の練習を二回行った。一一二名中、赤六名、白七名が、まだ、ハチマキができなくて立っていた。

笛の合図が鳴った瞬間、「できました」と大声を出してすわる子供がいる。実に早い。その子供はハチマキを結んでいないのである。ハチマキをかぶるのである。

〃どのようにしても構いません〃ということを最大限解釈する。ハチマキをすればよいのである。結びなさいとは言っていない。そこで、初めから、ハチマキを結んでおく。それを下に置いておく。

「ピッ」と鳴ったら、ハチマキの輪をスポッと頭にかぶるのである。あざやか。

三回目の練習では、赤三名、白四名だけが間に合わなかった。と、いうことは一〇五名が三秒以内でハチマキができたことになる。合格率は何と九三・七五％の高率である。たった、三回の練習で。

向山先生は、ここまでの練習で子供たちを叱らない。「早くしなさい」「遅いです」とは、決して言わない。淡々と練習をくり返す。そして、みんなをほめる。

> さすが調布大塚小学校の応援団です。今までの応援団の中で一番早くできました。さすがです。

このせりふは昨年も聞いた。毎年毎年、今の応援団が〝一番〟なのである。子供たちは、努力したことを評価され、ほほえむ。

> 家で練習してきなさい。
> 「一、二、終わり」

このくらいの時間です。家の人に言ってもらいなさい。


そして、三秒以内でハチマキをする練習を行った。四回目になる。

合格率は約九二％であった。

次に〃かけ声〃の練習をした。

「フレー。フレー。白(赤)組。フレッ、フレッ、白(赤)組。フレッ、フレッ、白(赤)組。オーッ」

たった、これだけのかけ声もみんなが同じようにできない。出るタイミングが難しい。

団長が「エール」と言い、それが合図となって、右のかけ声を全員が大声で言う。

白組から練習をした。

「声が小さいから二点。では、赤組」

この〃二点〃が子どもたちにショックを与えたらしい。赤組は大きな声でがんばった。

「今のはよかった。九〇点」

このように、白・赤交互にかけ声の練習をした。三回ずつ行って、今日の練習を終了した。

ここまでの練習に要した時間は約二〇分間であった。

※なお、ハチマキの端には、代々、使った応援団の子供が一言ずつ言葉を書いてきている。返すとき、洗濯をして、言葉を書くのである。その一例を以下に示す。
○51　SK(5—3)
初めてのおうえん団。とても、おもしろかった。五年担当
○52・9・25　6—3　OG
102対100で赤の優勝。応援のかいがありました。
○53・10・1　110対90で赤が優勝。とてもうれしかった。5—3　WN
○S54・10・2　109対100で赤がまけた。がんばって応援したんだけど負けてしまった。残念無念。来年がんばれ。6—2　TK
○S55・6—1　KW　練習が大変だったけど楽しかった。
○S56・9・27　110対82で赤が勝った。のどがかれるまで応援したかいがあった。
4年担当　6の2　R・A
○S57・10・3　104対96で赤の優勝。応援したかいがあった。一年担当　6—2
K・N
○S59・9・30　5点差で赤が負けた。くやしかった。来年はかってくれ、たのむ。副

団長　H・I　6―2

○S60・5・26　161対92で赤が優勝した。とてもうれしかった。来年もぜひ優勝してほしい。三年担当　6―2　M・T

――以上、新牧記録――

向山

「長い長いハチマキ」これが応援団のシンボルである。

これを着けたいのだ。これぞ、応援団の証なのである。

全員分用意する。ぜひとも全員分でなくてはならない。こんなに役に立つ教具は、あまりない。

初めは、ハチマキのしめ方を練習させる。

いきなり、「六〇秒以内でつけなさい」から始まる。

半分以上の子ができない。「できるもんか」と思っている子もいる。

そこで、言い渡す。

「応援団が出場して帰ってくるまでわずか一分間なのです。その一分間に、ハチマキも着け、かけ足で入場し、応援をして、戻ってくるのです」

子供の顔つきが変わる。

もう一度、一分間でさせる。ほとんどの子ができる。

動作がキビキビしてくる。

そして、次にいきなり「一〇秒」にする。悲鳴に近い声が上がる。

淡々と「ヨーイ、始め」と言って秒を読む。

そして、一気に「三秒」にもっていく。

当然ながら、百名余の応援団は全員必死である。ふざけているひまはない。

できない子に、家でやってくるように伝える。

実は、これは、全員がやってくるのである。

親も家で必死で手伝う。わが子の晴れ姿である。

こうして、応援団になった子の親は、練習を手伝うようになり、会話が生まれ、一体感が生じる。

応援団の親は、熱烈な応援団のファンになる。

さて、このハチマキは、終わった後は各自が洗濯してから戻すのだが、ハチマキにマジックで記念の言葉を書くことになっている。新牧君が紹介しているように、昭和五一年から続いている。自分の近所のお兄さんお姉さんをさがし出すこともある。「このハチマキはずっと調布大塚小学校に残っていくのだ」ということで、子供たちはハチマキを大切にする。

私のアイデアである。

子供がしっかりと生きている姿を刻みつけてやることも、教師の仕事なのである。

二〇分休みに団を結成して、昼休みにハチマキの練習をして、エールの基本形を教えただけで、すっかり応援団になる。

かかった時間は、二〇分休みの一五分間と昼休みの二〇分間の合計三五分間である。

朝と放課後、自分たちで一五分程度の練習をするように指示する。

また、ハチマキは、練習の時以外は絶対につけてはならない旨を伝える。違反の場合は、ハチマキをとり上げることを告げておく。

この指示をしておかないと、道路、廊下など、いたる所で応援団が始まってしまうのである。

4　エール　新牧賢三郎

昼休みのチャイムが鳴り終わった。向山洋一先生の第一声がある。

「団長と副団長は笛をとりにきなさい。水道で洗ってきなさい」

「各学年の責任者も笛をとりにきなさい」

調布大塚小学校の時程は一二時二〇分から一時五分まで給食。一時五分から昼休みが始まる。

しかし、昼休みの始まるチャイムを聞いてから体育館へ行くと練習に間に合わない。練習は一時五分に始まるからである。したがって、練習に間に合うためにはチャイムが鳴る前に行動しなければならない。

向山先生の練習は定刻に始まり、定刻に終了する。

(1)　ハチマキの練習

三秒以内でハチマキをする。

「用意。ピーッ」

向山先生の笛の合図でハチマキをする。「一、二、終わり」ハチマキができた子供は大きな声で「できました」と言ってすわっていく。三秒以内にできなかった子供は七人であった。全員ができるには二〇秒を必要とした。もう一度、練習した。今度は全員一六秒でできた。

「これからエールの説明をします。黙って、すわります」

ところが、友達と話をしていてすわらない子供が二人いた。向山先生の恐ろしさを知らないらしい。かわいそうなことである。

向山先生はスタスタと二人のそばへ歩いていった。そして、あっという間に二人のハチマキをとり上げてしまった。

約束を守らない場合はハチマキをとり上げる。

二人は練習が終わってからハチマキを返してもらった。

明日から、朝と二〇分休みに各担当の教室へ行って、応援の練習をします。チャヤイムが鳴り始めたら、練習は終わりです。途中でも終わります。

かくして、応援団の教室回りが始まった。

(2) エールの練習

前時に練習した〃かけ声〃を、動作を入れて練習した。

昨年の動作を覚えている子供を前に出させた。前に出てきた子供に手本を示させた。

赤組と白組とでは動作が異なる。

〔赤組〕

① 両手の人指し指と中指だけを伸ばし、他の指は曲げる。伸ばした指は付ける。

② 両腕をまっすぐ前へ伸ばす。

③ 「エール」または、「フレー」のかけ声とともに両腕を開く。かけ声が終わるとき、両腕は一八〇度に開いている。

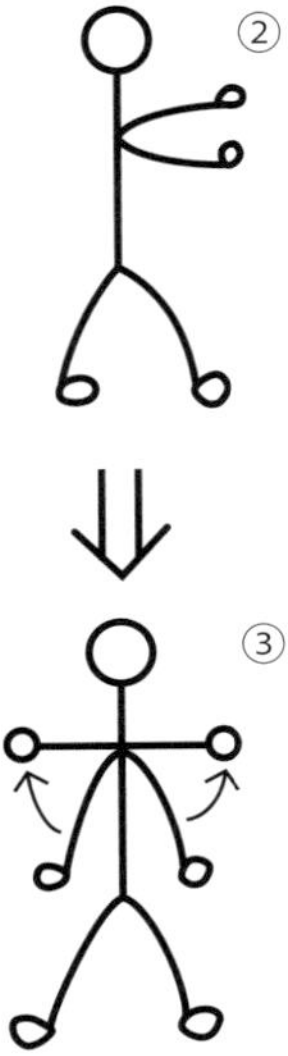

④ ②と③の動作を繰り返す。

② ③ ② ③ ② ③ ② ③ ② ③ ② ③ ② ③ ②
← ← ← ← ← ← ← ← ← ← ← ← ← ← ←
フレー。フレー。アカグミ。フレッ、フレッ、アカグミ、フレッ、フレッ、

③ ② ⑤
← ← ←
アカグミ。オー。

⑤ 最後の「オー」は左手を腰に、右手はにぎって天へ突き出す。

〔白組〕

① 両手の人指し指と中指だけを伸ばし、他の指は曲げる。伸ばした二本の指は付ける。

② 両手を胸に付け、ひじは水平になるように上げる。

③ 両腕を開いて、両腕を水平にする。

④ ②と③の動作をくり返す。

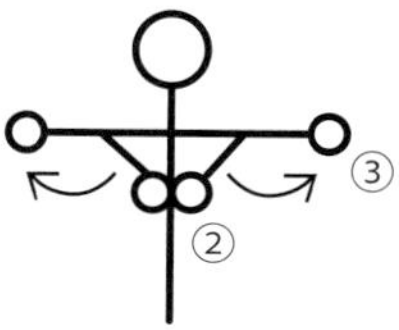

②③ ← フレー。
②③ ← フレー。
②③②③② ← シログミ。
③ ← フレッ、
② ← フレッ、
③ ← シログ
② ← ミ、
③ ← フレッ、
② ← フレッ、

③ ← シログ
② ← ミ。
⑤ ← オー。

⑤　最後の「オー」は左手を腰にやり、右手はにぎって天へ突き出す。

子供の手本では全員が揃わない。そこで、向山先生がみんなの前で手本を示す。

「フレー。フレー。白組……」

凛々と声が響く。あの巨体から出される向山先生の声は、子供五、六人を合わせた声より勝っている。

余談になるが、酒席の終わりに、気分が乗っていると向山先生はよく、この〃エール〃を行う。

「フレー。フレー。大塚」

その姿は堂々としていて、女性教師の憧れの的である（カナ?・）。以上の練習時間は約一〇分である。

——以上、新牧記録——

以下は向山の追記である。

応援の形は、何年もかけて作られてきた。

次のようなものがある。

1　エール

2　拍手（一拍子、二拍子、三拍子、三・三・七拍子）

どの拍子の最後も次のようになる。

> パチパチパチパチパチ（拍手を連続させて）「アカ」（胸の前で両腕を組んで。または、こぶしをにぎって）「ファイト」（両腕を開いて、またはガンバロウの用意をして）「オー」（一斉にこぶしをつき上げる）

四・四・六・四拍子などが作られた時もあつた。（チャッチャチャチャチャ、チャッチャチャチャチャ、

チャッチャチャチャッチャチャチャ、チャッチャチャチャチャ）

3　応援歌（かえ歌が多い）

4　いろいろな動作

これが、何種類かあって、実に面白い。

たとえば、全員が前かがみの姿勢になり、二拍子の拍手を速いスピードで続けていく。

その拍子に合わせて、団長が何かを言い、全員がそれに唱和する。

団長「行け行け赤組」

全員「行け行け赤組」

団長「赤組強いぞ」

全員「赤組強いぞ」

団長「白組弱いぞ」

全員「白組弱いぞ」

団長「白団びびるぜ」

全員「白団びびるぜ」

…………

という具合に続けていくわけである。
次のようなものもある。これは二拍子ではない。
団長「白ぶっとばせ」
全員「イエイ、イエイ」
団長「白ぶっとばせ」
全員「イエイ、イエイ」
この「イエイ、イエイ」というかけ声が面白く、人気のある方法である。
子供が作る形式には実に面白いものがある。それが長いあいだにみがかれていくのである。

5 「赤白あいさつ」の指導

さて、応援団の指導に関係して、もう一つ述べておきたい。

調布大塚小学校に赴任した時、運動会の開会式に「赤白あいさつ」というのがあった。前任校では、よびかけ形式などで工夫していたから、調布大塚小学校ではどうやるのか楽しみだった。

赤白あいさつの練習の時がきた。子供たちは朝礼の時のような隊形に並んでいる。ただし、右半分が赤、左半分が白である。体育主任が、マイクを握った。

「まん中を向きなさい」と言って、赤と白の子供たちを向き合わせた。対面する形になった。

体育主任は、大声で怒鳴るように言った。

「気を付け！」

「礼！」

「正面！」

これで終わりである。私はぶったまげた。想像もできない事態であった。

翌年、児童活動の主任になった私は呼びかけ文章を児童会で検討させるという提案をして了承された。体育主任だけが不満そうであった。

その時のあいさつが次の文章である（その後何回か修正された）。

運動会「赤白あいさつ」

一九七六・九・一七　調布大塚小児童会運営委員会　作
一九八〇・一〇・一八　調布大塚小応援団　改訂
一九八一・九・二一　応援団三訂

（向かいあって）

一九八一・九・二五

A　みんなが楽《たの》しみにしていた　運動会
全　運動会
B　今日のために汗《あせ》を流した　練習《れんしゅう》
全　練習

C　今日のこの日を、力を合わせて、ガンバロー
全　ガンバロー
D　一年も
一年全　一年も
二年全　二年も
三年全　三年も
四年全　四年も
五年全　五年も
六年全　六年も
E　力を合わせて　ガンバロー
全　力を合わせて　ガンバロー
F　赤も
全　赤も
G　白も
全　白も

FG　堂々《どうどう》とたたかおう
全　堂々とたたかおう
H　赤　ガンバロー
赤全　赤　ガンバロー（こぶしを挙げながら）
I　白　ガンバロー
白全　白　ガンバロー
（全員はくしゅ）

さて、これについて全校児童（六〇〇名）に指導をするとする。どれくらいの時間を練習時間に当てればよいだろうか。

もちろん、前もってプリントを用意して教室で練習をしておく——という手もある。初めのころは、応援団の「教室回り」の時にこの練習をさせていたこともある。しかし、後には、全体指導だけで済ませるようにした。その方が盛り上がるのである。

読者諸氏は、六〇〇名の全校児童の前に立って、何回くらい練習をすれば、自分で満足のいく指導ができるであろうか？

私は、二回である。一回あたりの時間は五分か六分程である。これで、全員が大興奮する状態になる。

さて、もう一度うかがう。みなさんは朝礼台に立ってマイクを握り、どのようにするであろうか。私は次のようにした。

まず、最後の場面だけを練習する。長いハチマキをした応援団長を台上にあげる。

応援団長が「赤ガンバロー」と言いますから、赤の人はこぶしを挙げながらまねをしてください。

赤組応援団長が、こぶしを挙げながら「赤ガンバロー」と絶叫するように大声で言う。

赤組の子がそれをまねする。もちろん、多少バラバラしているし、声も乱れる。

それでよい。初めてなので当たり前のことだ。大切なことだが、そんな時、クドクドと指導をしなくてもいい。私は、短く、次のように言う。

「初めてにしては上手です。一五点」

次に白に言わせる。

白の応援団長が「白ガンバロー」と言うと、大きな声が、それに続く。もちろん、赤組の様子を見たばかりだから、上手にできる。声も力強い。私はほめる。

「白の方が上手です。二〇点」

ここまで、二〇秒と経っていない。

しかし、子供たちは、もう興奮状態である。特に赤の方がおさまらない。いきなりやられて一五点なのだから、カッカとしている。もう一度やりたくてやりたくて、しかたがないのである。私は、言葉を続ける。

「もう一度やります。白組から……」

念をおすが、よけいな言葉はなくていい。

「元気に言いましょう」とか「声を揃えましょう」とか言う必要はない。こんな時、そういう「指導言」はよけいな言葉だ。ない方がいいのである。

そんなことをいちいち教えなくても子供たちは、全身をふるわせて声を上げるのである。

二回目は、どちらの組も大きな声である。元気がいい声である。突き挙げるこぶしが、空を突きぬくほどの勢いである。

白組が終わったところで言う。

「すごく上手でした。八五点」

ワァーという声があがる。拍手をする子もいる。

すぐに、赤組にうつる。何と言っても、一回目は負けているのである。子供たちの闘志は満々である。白組より、さらに大きい声がひびく。

「赤組もすごく上手でした。八六点」

ここでも歓声が上がる。

私は続ける。

「あまりにも上手なので、もう一度、聞いてみたくなりました。

赤、白の順で続けます」

「赤ガンバロー」を力強く言う。白組も元気な声が上がる。

終わったところで、私は拍手をする。子供たちも拍手をしている。

「とっても上手でした。点数を言います。赤、一〇〇点」

大歓声である。

続ける。

「白、一〇〇点」

大歓声である。

子供たちは、一気によびかけの世界にとび込んでいる。ここまで一分ちょっとである。

続けて、私は言う。

「それでは、もう少し前からやってみます。応援団の人に続いてください」


赤組応援団の子が「赤も」と力強く言う。赤組の子どもたちが「あかも」と力強く応える。

白組応援団の子が「白も」という。白組の子どもたちが「しろも」と応える。

赤、白、両方で「堂々とたたかおう」と言う。全員が力強くまねをする。

一度終わったところで、「赤の方がちょっとうまかった」と私が言う。

二度目も、とてもうまくいく。

「赤ガンバロー」「白ガンバロー」まで続けさせてしまう。


この練習風景は見ている先生方にも、すごいらしい。子供たちが、本当に、あっという間に熱狂的に集中してしまうからである。

以上、四分ほどで、後半部が終わりである。ここで、初めて列を対面させる。「右左向け中」と号令をかけて向かい合わせるのである。

そして、もう一度「赤も」から通しの練習をする。こぶしが、相手陣地に突きささるように挙がる。拍手が終わったところで、「正面」と号令をかける。

「さすがに調布大塚小の子供たちです。すごい迫力です。すばらしかったです」

短くほめて、壇から下りる。この間、五分か六分かの出来事である。

ここで大切なのは、「最後の部分」から教えたということと、赤と白をそれぞれ短く評定したということである。これだけのことで、他の指導らしい言葉を一切かけなくても、子供たちは、上手にできるようになる。

第二回目の時、初めから教える。

二つに分ける。まず、最初の言葉を全員でまねすることを教える。

A	みんなが楽しみにしていた　運動会
全	運動会

というようにである。

ソロで言う子に「楽しみにしていた」で一区切りするように言っておく。すぐにできるようになる。二回もやれば十分である。

次の、「一年も」「二年も」は、ちょっとむずかしい。三回くらいの練習が必要になる（といっても、クドクド言わなくてもいい。ほめて、くり返せばいい）。

問題は、「五年」「六年」のところである。ここで崩れるのである。

なぜか、お分かりであろうか。運動会が「春」か「秋」かでも多少ちがってくる。つまり「声がわり」をしている子がいて、ここで応援の声の調子が変わるのである。

一年生などには、面白くてひざをガタガタと崩すかっこうをする子もいる。

「六年生は声がわりをしているのですね。でも、みんなまじめでしたよ」

これくらいの説明で、きちんとなる。そこで、最初から通すのである。すごい迫力となる。

教室に帰っても「赤ガンバロー」「白ガンバロー」が流行する。

見ていた先生方の心にも残るらしい。「これの台本ないですか。転勤したらやってみます」と言うほどなのである。

6 子供を熱中させるために

本章で私が言いたいのは、次のことである。

> 子供を最大限活動させせよ。

教師は、しばしば今までの形式的な活動の中に子供を閉じ込めがちである。

むろん、一つの教育活動の定形が生まれるためには、それなりの背景があったにちがいない。

しかし、時は移る。かつて意味のあった教育活動も、手枷足枷になる。子供の活動が著しく制限されていたら、やはり修正すべきだ。

私が応援団の指導をした時もそうであった。それまでは応援団の人数枠を決めるという形で運営がされていた。私は「これはおかしい」と思った。応援団は、本来、子供が好む活動である。魅力的なスタイルをつくり出せば、いくらでも子供は飛びついてくる。

また、人数は何人いてもいいはずである。極端な話が、全員が応援団になってもかまわない。

そういう目で、応援団を見ると、いろいろなことがうかんでくる。子供をつまらない形式の中に閉じ込めようとする人は、「全員の子供を活動させる」という視点がないためであるが、もう一つ、「全員が活動するとどうなるのか」というほんのちょっとした想像力が不足しているのだともいえる。

「想像力」——これは大切な教師の力である。

今までとは異なる事態を思い描けるから、新しい局面へ子供を連れていくことができるのである。

こうして出来上がった応援団は、子供たちには好評であった。

ある女の子は次のように書いている。

応援団になって　　　　　　　　　　K・M

ずっと前からやりたいと思っていた、応援団に入れてとてもうれしかったです。初めの練習の時、はちまきをもらって頭につけました。その時は、もうれしくてうれしくてたまりませんでした。家に帰り鏡の前ではちまきをつけた時かっこいいと思っていると胸がうきうきして運動会が待ちどうしくなりました。初めの日、練習で休み時間がつぶれるという事で少しいやな感じがしました。でも実際に、練習をしてみるとなんだかかっこよくて応援団の練習が楽しみになってきたのです。いつものように屋上に行って練習をしていました。すると向山先生がいらっしゃって、一拍子と三三七のテストをしたのです。私はいやだなあと思って胸がドキドキしていました。まず一拍子のテスト。私はいつもより力いっぱいやりました。先生が合格の人はすわらせるのです。私の友達が合格してすわりました。私はあせってしまい、前より胸がすごくドキドキしてとても心配でした。でも合格できなくて、残念。次は三三七のテスト。私はこれだけでも合格しようと、こしを低くして、力いっぱいやりました。また友達が合格してすわってしまい私はいいなあととてもうらやましく思いました。向山先生が私の近くを通りすぎた時はもうドキドキでした。向山先生が私のかたをポンとたたきました。合格です。私は飛びはねたいくらいうれしかったです。担当の学年に行く時、給食はおかずと牛乳しか食べられなくて苦しいと思いました。

運動会の日。エール交換の時なんとなくはずかしい気がしたけれどだんだんなれてきました。演技と演技の間に応援をするけど、はちまきをしてない時あせってしまい、うまく、結べなくなって、大変だと思いました。応援する時は力いっぱい応援していました。応援団に入って良い思い出ができたと思います。この思い出をいつまでも忘れないようにしたいと思います。

さて、最後に、一言。

一〇〇名までふくれ上がった応援団である。あこがれの応援団である。応援団の子供にも「おごり」が生じる。私は、いつも、次のように言ってきた。

「応援団というのは運動会の脇役です。

第一は、応援をするのはみんなで、応援団は応援の手助けをするのです。その意味で脇役です。応援団の人だけ一生懸命で、他の人が何もしなかったら、それは最低の状態です。もちろん、責任はすべて応援団にあります。そのために、クラス回りをするのです。

第二は、応援は演技と演技の『あいま』にやります。その意味でも脇役です。前の演技が終わります。次の演技が始まるまでに、ほんのちょっと時間があります。そのあいまに応援をするのです。時間はおよそ一分くらいです。次の演技が始まる時は、すぐに応援をやめなければなりません。もちろん途中でもすぐにやめるのです。団長が指示します。

ですから、応援団は、きびきびしていなければならないのです。どの演技の次にどのような応援をするのか、前もって決めておかなくてはなりません。

くり返します。応援団は脇役です。脇役に徹するのです。だからこそ、多くの人々の心を捉えられるのです」

第3章

理科「空気はちぢむか」の実践

1　研究集団調布大塚小学校

私は調布大塚小学校に一一年間勤務した。

一一年間に学校として大きな研究を三つした。前期は国語科である。分析批評による文学教育である。中期は社会科である。後期は理科である。この時期の調布大塚小学校の実践・研究の姿については『研究集団・調布大塚小学校』（明治図書出版）に詳しい。

さて、最後の一一年目は「理科」の公開発表をした。二月に全学級の公開授業をしたのだが、参観者は全国三八都道府県から一〇〇〇名を超えた。

大田区内の小学校での公開発表というと、通常参加者は一〇〇名ぐらいである。「理科」の三年前、調布大塚小学校の社会科の公開発表に四〇〇名の参加者があって、それが最多記録であった。その四〇〇名の記録を大幅に上まわる一〇〇〇名の参観者である。

これが大学の附属小学校ならめずらしくないだろう。といっても全国の附属小の中で一日に一〇〇〇名の参観者のいる公開発表をする学校は三割はないと思うが……。

一〇〇〇名の参観者がいるからといってそこの研究がよいというわけではない。当然のことである。しかし、一〇〇〇名の人々が参観したということは、「何かがあった」と言うこともできる。
私の場合について述べてみよう。

調布大塚小学校では、全員が研究授業をする。これは、当然のことなのかもしれないが、東京ではめずらしい方に属する。

調布大塚小学校のように、毎年全員が一回は学校の共通テーマの研究授業をして、それ以外にも何人かが他の教科の研究授業をするという学校は、それほど多くはないのである。研究は学年単位で行われる。年に六回の全体研究授業が行われ、各学年が担当する。その時は「学年研究の報告」が示される。

私は三年の担任であったが、三年の学年報告は七二ページであった。他の学年も同じような報告が作られた。授業の記録、テーマについての報告などが多い。

つまり、研究授業をするのは一時間だが、その一時間までの授業記録を(数時間分、時には十数時間分)、全部テープ起こしをして全授業記録を報告するのである。

全授業記録を報告する――これも調布大塚小学校では当たり前のことであった。

しかしそれ以外については、自由であった。テーマについての受けとめ方を学年内で検討するのだが、たとえ「ちがい」があっても、それは自由であった。「ちがい」を示せればよかった。中には、古く形式的な形の研究を進めたい人も何人かはいたが（調布大塚小学校に新しく赴任した人たちだった）学校全体として自由であった。

研究を「古くさい枠」の中に閉じ込めないで、ある種の自由さがあったということ、これが一〇〇〇人もの人々を引き付けた魅力であっただろうと思う。

さて、一一年目の私は、校内の研究では「空気をちぢめる」（通常「空気でっぽう」といわれている）をとりあげた。公開発表の時の単元は「じしゃく」であった。

「空気をちぢめる」の研究、実践に当たっては、校内の職員向けに「実践研究の通信」を発行していた。

それを再現してみたいと思う（このように、私が本にする文章の多くは、私が学校でやった仕事そのものなのである）。

以下は、私の研究通信である。

2　教材分析と指導計画の構想

1　夏休みが終わったとたん、「そうだ、理科の研究授業があった」という現実に引きもどされた。今年の夏は「一気に駆け抜けた」というのが実感で、夏のあいだは研究授業のことがすっぽりぬけ落ちていた。

始業式の時に、早くも会話は「研究授業」のこととなった。

同学年の小方シズエ氏・天野悦子氏と話し合った。

「九月一九日が、向山さんね」

「その前に、私たちがやらなくちゃ」

「しかし、この暑さで、考える気がしないわね」

「でも、空気でっぽうを考えなくちゃ」

「そうです、空気でっぽうです」

「教科書どうなっているの?」

「ごらんのとおり一〇時間くらいの扱いです」

「それにしても暑いですね」

「他の教科書は？」

「各社とも、空気でっぽうです」

「とりあえず、実態調査してみない？　昨年の森さんのを参考にして」

「それいいですね」

「あ、アンケート前半はいいですが後半だめです。集計が大変です。私が考えてみます」

というわけで、実態調査をやってみようということで、一回目は終了した。

2

翌日、早くも二回目である。
とにかく、どんな「道具」が理科室にあるのか調べなければならない。塩化ビニル管の古い物を発見。使えそうである。長ければもっとよい。昨年の竹でっぽうは、子供に上げてしまったらしい。（公具なのにいいのかな？　などと思う）
理科専科の竹内先生にも入ってもらって教材研究をする。教科書は次のとおりである。
一時間目　空気でっぽうであそぶ
二時間目　前玉が出るわけを考える
さっそく、竹内先生に疑問をぶつける。
「これ、たった一時間しか空気でっぽうで遊ばないんですよ。おかしいですよ、これ。

子供の中に、問題を解決する情報（体験）が蓄積されていないのに、考えさせているんです。そのくせ、単元の最後に『二時間の遊び』が出てくるんです。まず、体験を蓄積させるべきだと思うのです」

竹内先生も、全く同感とのことであった。てっぽうの形、長さもいろいろと変えて与えてみようということになった。

検討を終えて、その足で「竹」を調べに行った。古い物は虫が喰ってしまっていた。竹内先生が「塩ビ管」「竹」を手配してくれることになった（翌日届いた）。

こうして二回目は終わった。

3

その翌日、早くも三回目である。小方先生が、「本時の目標」を言い出した。

「待ってください。私は必ず原文にあたるのです。教科書じゃ分かりません」

さっそく「指導要領」を開いてみた。

次の文である。これですべてである。

何だこれは？？？？？

(1) 閉じ込めた空気に力を加えたときの様子を調べ、空気には弾性があることを理解させる。

ア　空気を圧《お》し縮めると、かさが小さくなるが、手ごたえは大きくなり、元にもどろうとすること。また、この性質を利用して物を動かすことができること。

イ　空気は圧し縮められるが、水は圧し縮められないこと。

「空気でっぽう」のことは、一行も出ていない。

「空気でっぽう」は、教科書会社の考えた、一つの方法にすぎないのである。

この単元では、「素材・教材」は示されていないのだ。

「空気でっぽう」でなくてもいいのだ。さあ大変だ。

4　指導要領によれば、「空気でっぽう」の目標は、次の項になる。

①　空気は閉じ込めることができる。

②　閉じ込めた空気を圧し縮めると、かさが小さくなる。

③　〃　手ごたえが大きくなる。

④　〃　元に戻ろうとする。

⑤　この性質を利用して物を動かすことができる。

⑥　水は圧し縮めることはできない。

①は二年生の目標であるが、このように入れておいていいであろう。

5　さて、ここで素朴な疑問をもつ。

なぜ、この単元が「空気でっぽう」なのか？

これは、本来、次のような単元であるべきだ。

空気と水をおしちぢめよう

6　この単元が「空気でっぽう」であるからには、それなりの理由があるだろう。つまり「目標を達成するには『空気でっぽう』が最もよい」ということである。

教科書会社が各社とも「空気でっぽう」であることから、こうした考えは現在の理科教育のベテランの方々の了解事項であると考えられる。

しかし、理科教育の素人である私たちは「まてよ」と考える。

「空気でっぽう」が最もよいのは本当なのか？

目標を達成するのに最もよいと言えるためには、次のようなことが必要であろう。

①　今までの学習を生かせる。

②　学習課題が自然である。

7　二年生の時は、「空気を閉じ込めて、空気の存在を理解する」ことを学習してきた。子供たちは、ビニル袋、風船などに空気を閉じ込めてきたのである。ビニル袋・風船などに閉じ込めた「ふわふわ・ぐにゃぐにゃ」の空気を実感してきたのである。

三年生の学習は、この二年生の学習を前提にすべきではないのか。

> 子供は二年生の時、ビニル袋のふわふわ・ぐにゃぐにゃの空気を学習している。
> この先行学習を前提にすべきだ。

8　現行の多くの学習は「空気でっぽう」で遊ばせて「どうして前玉が出たのだろう」と問うことによって、空気の性質を学習させようとしている。

これは、ずいぶんと作為的だ。

前玉が飛び出すためには諸条件が入り混じっており、これで学習すると「教師の強引な整理」がどうしても必要となる。

また、この学習では、二年生の学習「ビニルのふわふわ・ぐにゃぐにゃ」がほとんど生きてこない。
もっと素直に、子供に問題を投げかけるべきではないか。

「空気を閉じ込めて、圧し縮めよう。空気は圧し縮められるだろうか」

「このように素直に聞くべきだ」というのが三年の結論となった。
これならば、必ずや、二年生の学習がストレートに生きてくる。
その延長に、三年生の学習が成立する。
驚くべきことに、このような素直な展開例は、調べた限りでは一つもなかった。
この方法がよければ、大きな問題提起となるはずである。

9

そこで指導計画を考えた。

第一次　空気を縮める　①　空気を閉じ込めて縮めてみよう。
②　別の方法で縮めてみよう。
③　さらに別の方法で縮めてみよう。

子供たちは二年生の学習を生かして「ビニル袋」を使うであろうという予想である。しかし、ビニル袋では分かりにくい。だんだんと他の道具に目を向けていくであろう。てっぽうなども出てくるであろうという予想である。

10 そして「空気でっぽう」に入ればよい。

第二次　空気でっぽうで遊ぼう	①②	空気でっぽうを作って遊ぼう。
	③④	いろいろな空気でっぽうを作ろう。
	⑤	前玉が飛ぶわけを考えよう。
第三次　水を縮める	①②	水を閉じ込めて縮めてみよう。

私たちは、ビニル袋から空気でっぽうに行くであろうと予測した。これほどまでに教科書会社が強調しているのであるから信じたわけである。

ビニル袋→空気でっぽう（教科書を信じた）

11 ところで「第三次」の「水を縮める」とは、何なのだろう？空気と一緒に教える必然性は、どこにあるのだろう？

分からなかった（へ理屈はつけられる。が、授業としての必然性が分からなかった）。

空気でっぽうで学習していると「必ず」「必然的に」「水の縮みが問題になる」とは思えなかったのである。

だから、第三次は、とって付けたような存在であった。


空気でっぽう→水を縮める（しかたなくくっつけた）

12 ここは、大切なことなので、もう一度書く。
私たちは、次のように考えた。

ビニル袋→空気でっぽう→水でっぽう（ちゅうしゃ）
（教科書を信じて）（分からないがしかたなく）

だが、授業の中で、私たちはすごい発見をするのである。

この順序ではいけないのである。

教材の必然性がちゃんと存在していたのだ。子供たちは、どのクラスでも教材の必然性のもとに活動していたのである。

この点は、研究のポイントなので、別途に述べることにする。

13

ここでは、三年担任の問題意識をご理解いただきたい。

かくして、各クラスで授業が行われた。

授業に先だって、予備調査をした。

「空気は縮められますか？」

予備調査の段階で、ビニル袋を使っての「論争」も見られた。

「空気は縮められない」と答える子が圧倒的に多かった。

これが実態である。

ここから子供たちは、学習課題への挑戦・解くための活動を展開していくことになるわけである。

この活動が、予想以上に面白かった。

実態調査

閉じ込めた空気をちぢめられるか？

結果	できない	四九名
	ほんのちょっとできる	四〇名
	はっきりできる	一二名

分析　できないと考える子が圧倒的である。

どちらかはっきりしない時は、「『ほんのちょっと変わる』という意見が多くなる」という向山の仮説（ほんのちょっと理論）も、それを裏付ける。

この段階の「ほんのちょっと」は、「できない」という方の意見と見なしてもよい。

ちぢめる方法　０　風船が自然にちぢんだ　のほかに

１　ビニル袋に入れて力を加える

２　ビニル袋に入れて水に入れる

３　風船に入れて熱する　などが出た。

3 授業に取りかかる――ぐにゃぐにゃの入れものから出発

1 前の時間、子供たちに次の指示を与えた。

> 空気は縮められるだろうか。空気を閉じ込めるものを持ってきて試してごらんなさい。

持ってきたものは、ほとんどビニル袋だった。予想どおりである。これは当然と言える。子供たちは、二年生の学習の延長をしようとしているのである。

> 子供たちは、まずビニル袋を持ってきた。
> 小さなビニル袋から大きなビニル袋へ移った。

ごちょごちょやっている感じであった。

私はあえて、何も口を出さなかった。次の時間はもっと他のものを持ってくるよう指示した。

2 二時間目は、今までより道具がふえた。

「空気でっぽう」を持ってきた子が二人いた。ところが「空気でっぽう」は、「空気を縮めることとは無関係である」と思い込み、全く手を出さなかった。兄や姉からすすめられたのだろうが、無用の長物だったのである。

風船を持ってきた子が多かった。

次に風船を持ち込んできた。

これも、分かる。ビニル袋の発展である。そして、子供たちになじみがある。子供たちは、今までの体験(活動)を総ざらいしているのである。

風船の口のところが問題となっているらしかった。

Yさんのグループが、「水そうを使いたい」と言ってきた。

3 水の中で実験を始めた。

水の中で試している子が、およそ三分の一である。

口の所から「もれている」ということが問題になっているらしかった。

水のブクブクで空気の存在を確かめるのは、二年生で学習ずみである。

ここまでの丸二時間、子供たちの活動は、二年生の学習をもとにしていた。

子供たちは二時間、二年生の学習をもとに活動した。

この段階でも私は口を出さなかった。さらにいろいろなものを持ってくるように指示をした。

4　次の時間、初めて「固いもの」を持ってきた。

次にカンやビンやケースを持ち込んできた。

子供たちは固いものに閉じ込めようとした。カン、ビン、お菓子のケースなどである。

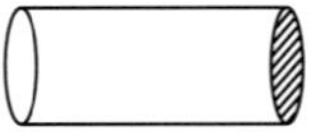

ここで注目すべきは「一方がふさがっているもの」を持ってきたことである。空気でっぽうのように「両方があいているもの」では、なかったのである。

「空気を閉じ込める」ということを実験する時、「両方があいている竹」などは、いかに子どもの意識から遠いかを物語る。

5　片方のあいた所を、何で閉じるかが問題となった。お菓子の小さなケースがやりやすかったみたいだ。

片方を何で閉じるかが問題となった。

6　カンやビンが持ち込まれてから面白くなってきた。

子供同士の活動もさらに活発になった。

この段階でも私は、何も言わなかった。さらに何かものを持ってくるように言っただけであった。

次の時「フタをどうするか」で二つに分かれた。

フタに固執する子はジャガイモなどを持ち込んだ。
フタをあきらめた子は、注射器などを持ち込んだ。

ここで、授業の全体がはっきりしてきた。

ところで、この段階でも、風船をいじっている子がおよそ半分いた。

私は、ここに至って、初めて、話し合いをさせることにした。

7

この段階での調査は、次のとおりである。

空気はちぢむ　　　一三人
空気はちぢまない　二一人

話し合いに入った。「ビニル袋・風船を使っての実験」に限定した。

N君が言った。「ふくらませて、おとすとちぢみます」

I君が反論した。「入り口から空気が逃げます」

N対I論争が起きた。

N派一五人、I派一四人、であった。

Ｋ君が止めをさした。「水の中でやったら、アブクは出ませんでした」

とたんに意見は動いた。Ｎ派は二五人になった。

Ｓ君が新しい反論をした。「Ａをおしても、Ｂなどのまわりが広がります」

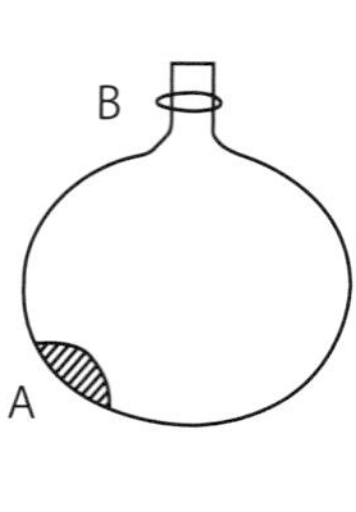

みんなで追試してみた。とたんにＮ派は急減して二五人からわずか六人になってしまった。

論争が始まった。「風船はふくらむが、ビニルはふくらまない」というような反論があった。「風船が小さい時はへこむだけだ」という反論もあった。Ｎ派は九人になった。少しふえた。

しかし、この後、動かなくなった。

「これだ！　という方法ありませんか」と私は聞いたが、なかった。

「『この方法では決着は付けられない』。この方法ではだめなのです」とまとめた。この段階で、初めて、ビニル・風船のふわふわ・ぐにゃぐにゃから離れた。

ビニル・風船のふわふわ・ぐにゃぐにゃでは結論が出なかった。

8　子供たちは「注射器」「ケースにジャガイモでフタをする」ことなどを出すはずである。
ここで、小方学級の研究授業が強烈に思い出される。

子供たちは注射器を押すのにあきて、引っ張り始めた。

子供たちのこの活動は自然である。「パン」と音がするから面白いのだろう。この、自然な動き、自然な活動を授業として組み立てなければウソである。この活動を無視したら、その方が変である。

9　以下、この段階までの子供の作文である。

空気はちぢまない　H・Y

今やっている理科は、「空気をちぢめる」という題で勉強しています。

例えば、ビニルぶくろに空気を入れたりして、おして実けんをします。

それで「空気はちぢむとかちぢまないとか」を区べつしていきます。

私は「ちぢまない」と思っています。

でも、ビニルぶくろの下をおすとすこし小さくなるけど、まわりに広がるだけでちぢみません。

ビニルに空気を入れて、ぎゅっとつかんだり、のっかったりするとわれます。われるとパンと音がするからちぢまないと思います。

もしちぢむのなら、音はしないと思います。

竹づつの水でっぽうに、あなをあけないでおすと、空気が動かなくて、おせないと思います。

何でちぢめたらいいか　J・K

空気をちぢめるのはとってもむずかしい。なかなかちぢめられない。

ビニルだと動いちゃう。

かたいもの、ふでばこなどに空気をとじこめてもかたいからへっこまない。

ちょうどいいものをさがせばいいのだけど、ぼくはよくわからない。

ぼくが思うに、ちょっとかためなビニルがあればいいなと思う。

空気はちぢまない　R・N

ぼくは、空気をちぢめる方法は、なかなか思いつかなかった。けれど、三日めぐらいに思いついた。

思いついたことは、ビニルブクロの中に空気を入れて手でタタク。

けれど、強くタタクとわれる。

けれど、弱くタタクとわれないでへっこむ。へっこむということはちぢまるということじゃないかと思う。

だめな方法は、ビニルブクロの中に、空気を少ししか入れないこと。少ししか入れてないと空気はちぢまらないと思う。

だってさ、空気があるところをおしても、ほかのところにいってしまうじゃないか。

だからさ、空気をビニルブクロの中にいっぱい入れて、弱くたたかないといけないと思う。

風船やビニルブクロのばあいは、ものすごくかんたんなのである。

空気はちぢめられる？　T・S
きょう　ぼくは　空気は　ちぢめられるかと　いうもんだいの　じっけんを　した。
まずは　ビニールブクロ。でも　この　ビニールブクロの　じっけんは　しっぱい。

ビニールブクロは　空気を　いっぱいに　つめると　われて　空気が　そこから　出るからだ。

ぼくは

（ビニールぶくろは　われるなら　ビーチボールは　どうだろう。ビーチボールなら　われたりしないし。）

と　思った。

次の日　ぼくは　ゴムボールが　6つくらい　はいる　ビーチボールを　持ってきた。

そして　じゅぎょうが　はじまった。

（さて、どうやって　ちぢませようか。）

むずかしい　もんだいなので　ぼくは

「ウーン、ウーン。」

と　考えこんでしまった。ビーチボールの　ふたを　あけてしまったら　ビニールブクロの　じっけんと　同じに　なってしまうし　わってしまっては　じっけんにならない。それに　ビーチボールを　手でおすと　ちぢむのは　空気が　パンパンに入っていないと　いうことだし　このじっけんも　しっぱいだ。

(空気を　ちぢますのは　むずかしいなあ。今度は　何で　じっけんをしようか。そうだ
竹でっぽうで　じっけんを　しよう)
うちに　帰って　お母さんに
「空気でっぽうある」
と　聞いたら
「あったけど　大きな　ゴキブリが　入っていたので　気もちわるくて　すててしまっ
たワ」
と　教えてくれた。
(むかしは　よく　空気でっぽうで　遊んだんだけどな。そうだ　ちゅうしゃでもいいんだ。
さがしてみよう)

この段階での、子供たちの記録は次のようであった。

Sさんの発表

↓

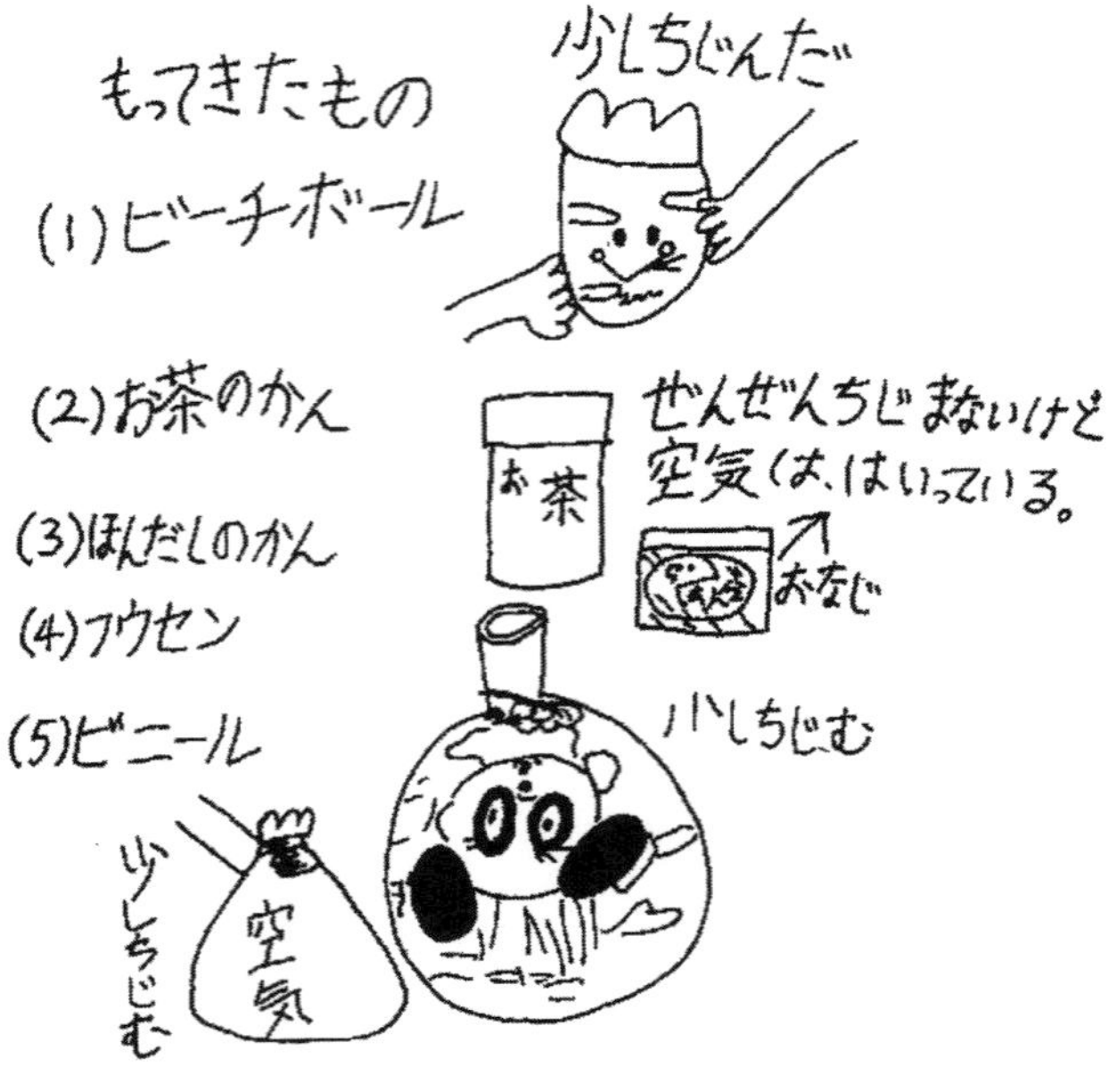
もってきたもの
(1)ビーチボール
(2)お茶のかん
(3)ほんだしのかん
(4)フウセン
(5)ビニール
少しちぢんだ
ぜんぜんちぢまないけど
空気は、はいっている。
お茶
おなじ
少しちぢむ
空気
少しちぢむ

Kさんの発表

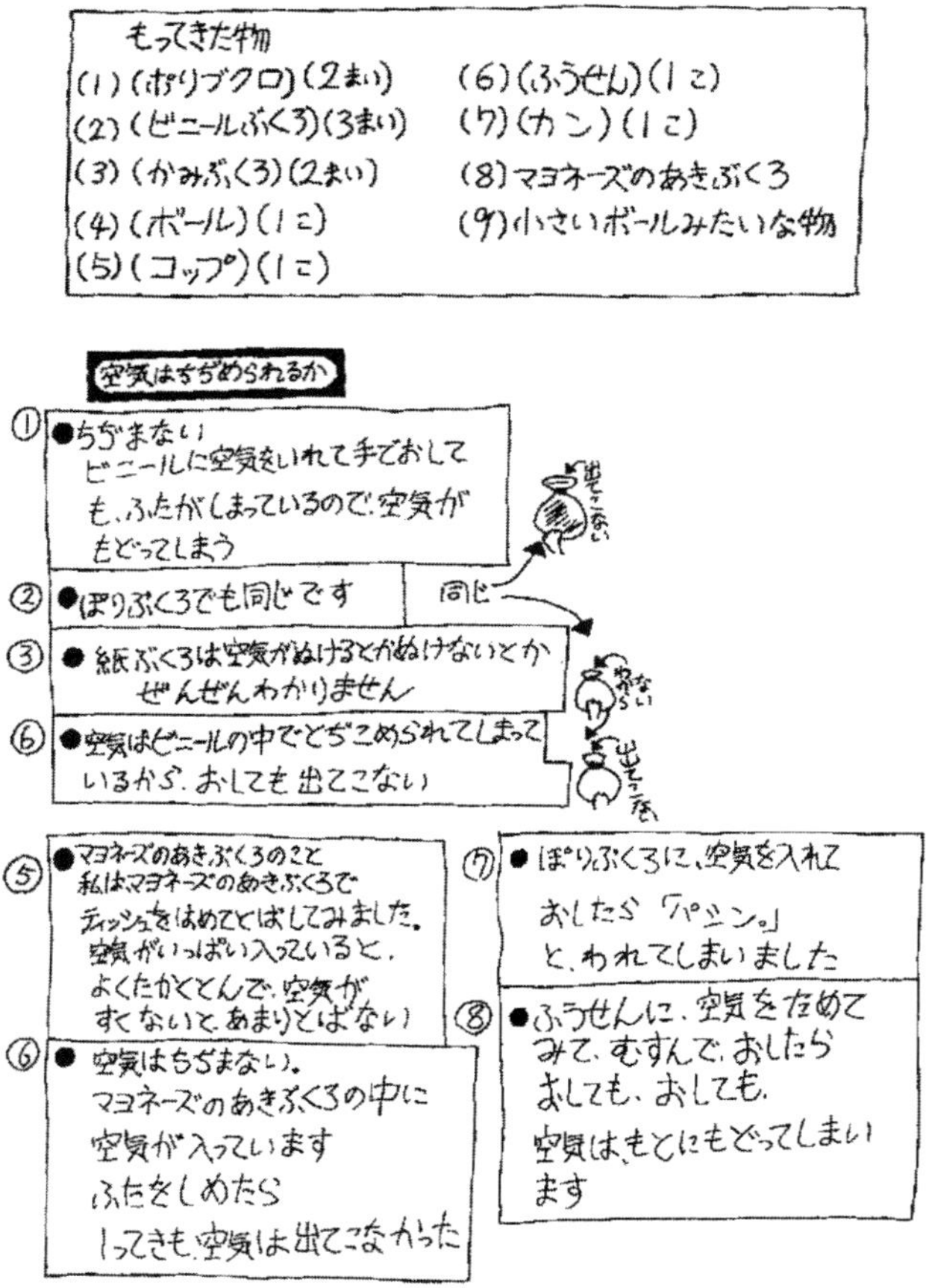

もってきた物

(1)(ポリブクロ)(2まい)
(2)(ビニールぶくろ)(3まい)
(3)(かみぶくろ)(2まい)
(4)(ボール)(1こ)
(5)(コップ)(1こ)
(6)(ふうせん)(1こ)
(7)(カン)(1こ)
(8)マヨネーズのあきぶくろ
(9)小さいボールみたいな物

空気はちぢめられるか

① ●ちぢまない
ビニールに空気をいれて手でおしても、ふたがしまっているので空気がもどってしまう

② ●ぽりぶくろでも同じです

同じ

③ ● 紙ぶくろは空気がぬけるとかぬけないとか
ぜんぜんわかりません

⑥ ●空気はビニールの中でとぢこめられてしまっているから、おしても出てこない

出てこない

わからない

出てこない

⑤ ●マヨネーズのあきぶくろのこと
私はマヨネーズのあきぶくろでティッシュをはめてとばしてみました。
空気がいっぱい入っていると、よくたかくとんで、空気がすくないと、あまりとばない

⑥ ● 空気はちぢまない。
マヨネーズのあきぶくろの中に空気が入っています
ふたをしめたら
しってきも、空気は出てこなかった

⑦ ● ぽりぶくろに、空気を入れて
おしたら「パン。」
と、われてしまいました

⑧ ●ふうせんに、空気をためてみて、むすんで、おしたら
おしても、おしても、
空気は、もとにもどってしまいます

4　子供の思考は発展する――「あ、エレベーターだ！」

1　さて、向山学級の場面を続けていく。

次の時間、子供たちは、固いものを持ち込んできた。

まず、Kさんの発表である。

オリタタミ式、ジャバラ型水筒を彼女は示した。

これを両方から押すと「ちぢまない」という意見である。

が、反対意見が出た。「タテにして高さを測れ」というのである。

このようにすると「少しちぢんで、また元に戻る」ということになった。

次にKさんは、固いビニル製のボールを示した。穴が開けてあった。

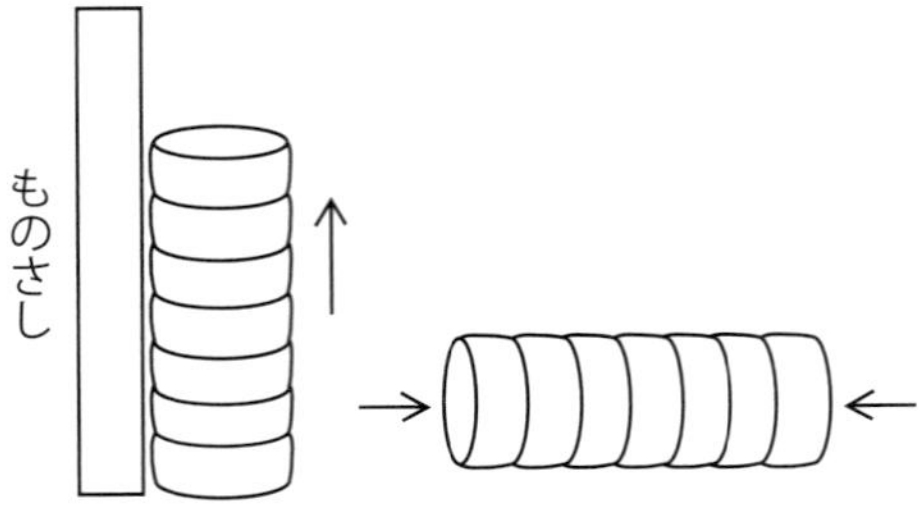

「ビニル、風船などのふわふわ・ぐにゃぐにゃはダメだ」ということになった。

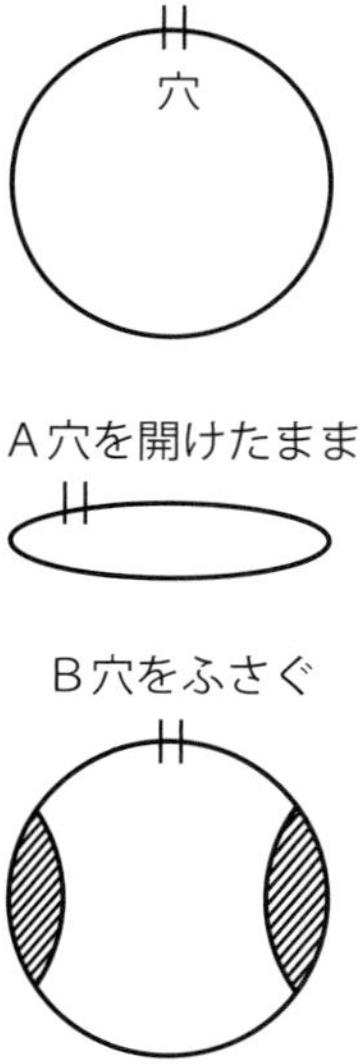

「穴を開けたままだと空気は外に出る」「しかし、穴をふさぐとボールは小さくなる。他の部分の形は変わらない。手をはなすとボールは元の形に戻る。空気はまん中にかかたまる。かたまってちぢむ」

と発表した。

空気はかたまってちぢむ。

2　次にI君とO君が、お菓子のケースを示した。

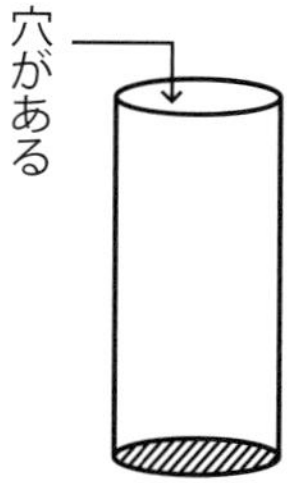
○ラムネなどの入っていたお菓子のケース
○(底がある)

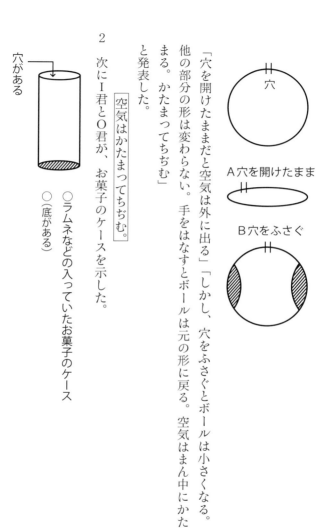

このケースにジャガイモを輪切りにして指で押しこんだ。

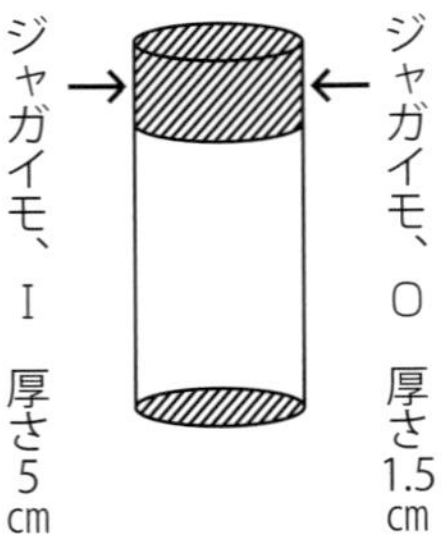

I君のは、すぐに戻ってきた。（あっという間）
O君のは、ゆっくりと戻ってきた。（数秒）
子供たちは、前へ出てきて、まるくなってすわった。もう一度見せると「ワァー」という歓声であった。

私は、空気を押しつけた状態を示し、何と言ったらいいか聞いた。子供たちは答えた。

空気はちぢむ。

次に、指を離した状態を示して、何と言ったらいいか聞いた。子供たちは答えた。

ちぢんだ空気は元に戻る。

こんなにも、はっきりと結論を示したのである。お菓子のケースが役に立ったのだ。

3　あっ、エレベーターだ――I・Oの発見

Iくんと○くんの発表

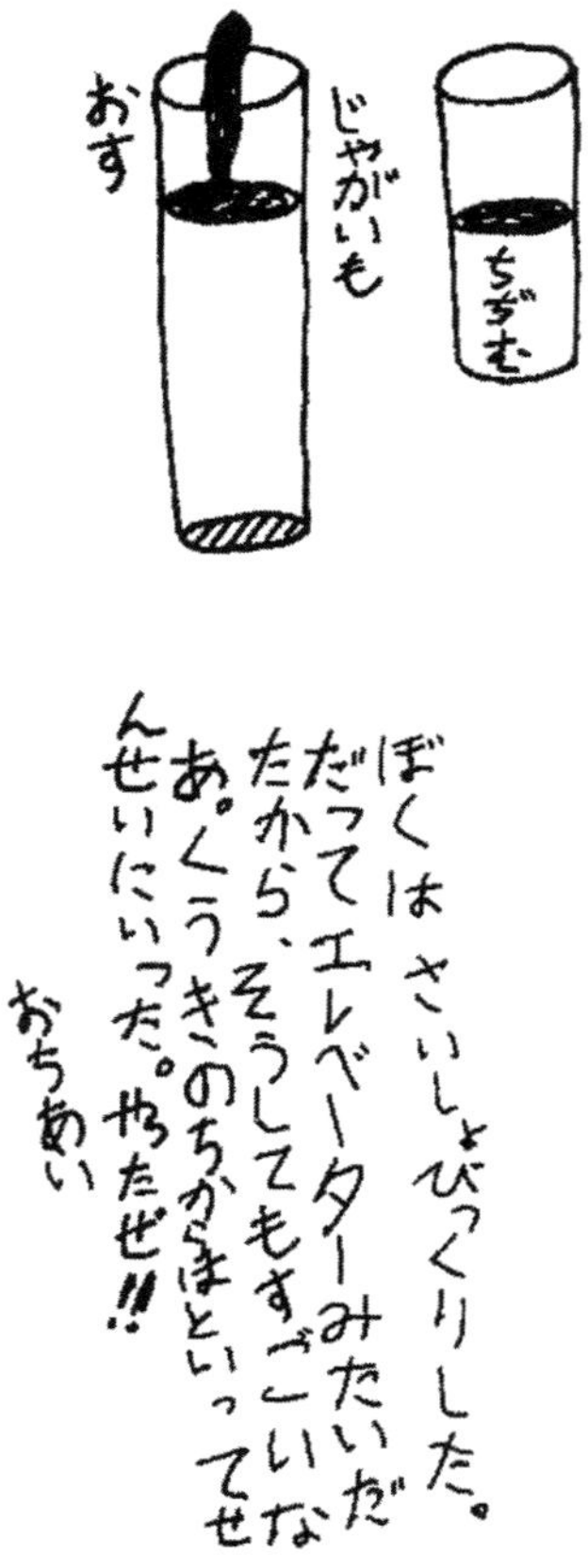

おす
じゃがいも
ちぢむ
ぼくはさいしょびっくりした。
だってエレベーターみたいだ
たから、そうしてもすごいな
あ。くうきのちからはといってせ
んせいにいった。やったぜ!!
おちあい

4　I・Oの実験に対する子供たちの感想は次のとおりである。

A・N
O君のエレベーターはとてもおもしろかった。自分がエレベーターにのったかんじだった。

M・Y
スースーと上にあがるところがエレベーターみたいでおもしろかった。私もやってみたかった。今度やろうと思った。

Y・E
① エレベーターみたいでおもしろかった。
② やってみたかった。
③ 「わー。」と思った。

Y・O
エレベーターみたいにおもしろかった。空気はいろんなことができると思った。

5　注射器への転換

1　その時「先生、ちゅうしゃ器でもエレベーターができます」と言ってきた子供たちがいた。

「ちゅうしゃ器でもできるそうです。やりたい人?」と聞くと、全員の手が挙がった。

次の時間、ちゅうしゃ器を与えることにした（他の先生の研究授業とぶつかった）。

「何をやってもいいです。自由に試してごらんなさい」と指示して、研究授業に行った。

途中で教室に戻ると子供たちは、次々にいろいろなことを言いにきた。

一人一人聞いて、紙に記入させた。いろいろと面白かった。

2　ほとんどの子は、次の三つを出していた。次ページの下の図のYさんのようにである。

A　押すと戻る。 B　引っぱっても、戻る。 C　ねん土、けしゴムをつめると鉄砲になる。

Mさんの発表

ちゅうしゃきのさきを 手でもってひっぱってはなすと
もとにもどる

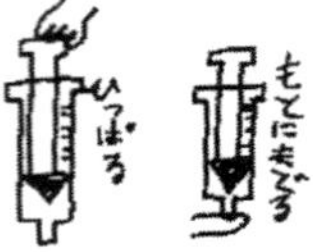

Yさんの発表

ちゅうしゃきで

① ちゅうしゃきをくうきがなくなるようにして
さきを手でとめて、おすぼうをひいて、
手をはなすと、すぐにもどる

② ちゅうしゃきにくうきをいっぱい
いれて、おすと、それもすぐ
もどる。

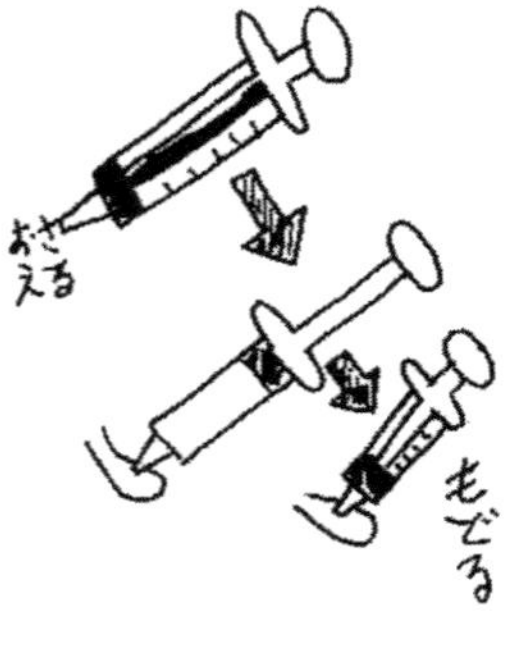

③ さきを ねんどでとめると
すぐとんでいってしまった

子供《こども》たちは注射器を引っぱる活動に熱中した。

Aは「空気はちぢむ」ことの確認である。フーンという感じである。
興味は、BとCに集中した。小方学級と全く同じである。
前ページの上の図、Mさん(転入生)も同じであった。

3 子供たちは注射器を引っぱる活動に熱中した。

ここから、どうするか、それが研究授業である。
この状態を、Eさんは次の図のように考えた。すなわち、

空気はのびる。(そして、元に戻る)

ここで問題なのは、初めの状態で、Eさんは「空気がない」と言っていることである。

一方、T君は「少し空気が入っている」と言う。これは、いかなる意味をもつものなのか。

Eさんの発表

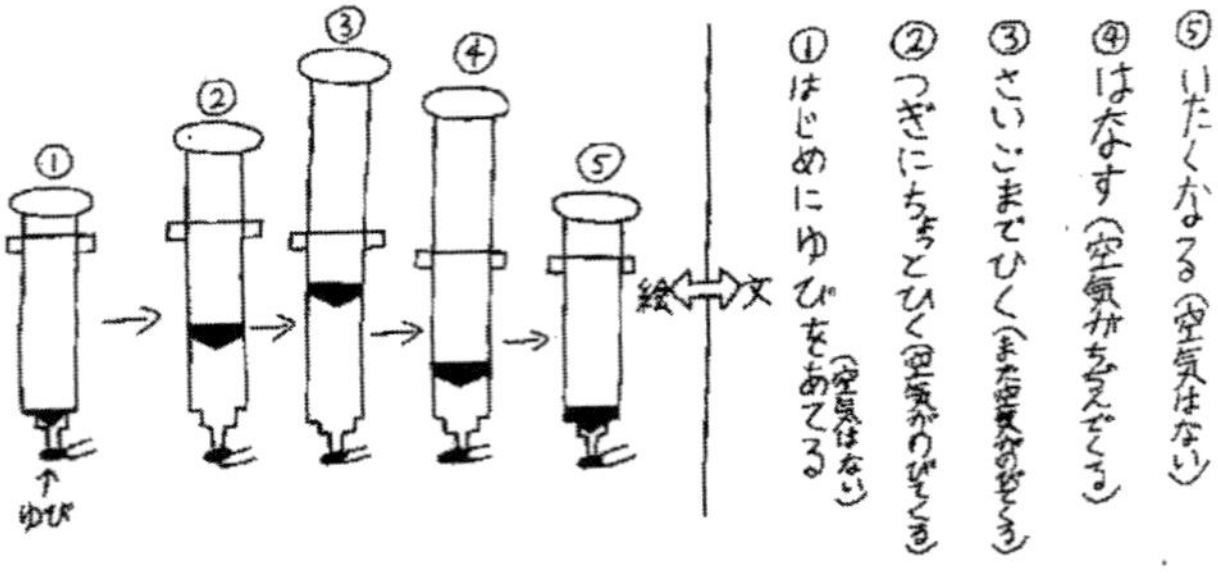

4

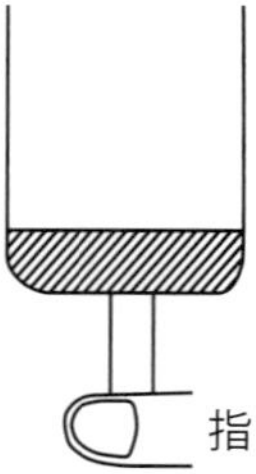

(1) 上の状態は、空気が入っているのかどうか？

(2) (1)の問いは、重要か、重要でないか？

(3) 重要だとするとその理由は？

(3)' 重要でないとするとその理由は？

(4) (1)を確かめるには、いかなる実験が必要か？

(5) (4)の実験は、本単元の学習をどう発展させるか？

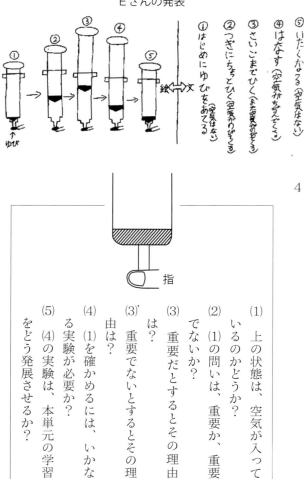

前ページ下記のような問題点が生じるが、諸賢はいかがお考えだろうか。

5　注射器と共に、てっぽうも自然に生まれてきた。すぐに、てっぽうを作った。注射器からてっぽうは、すぐ隣であった。

Nさんの発表

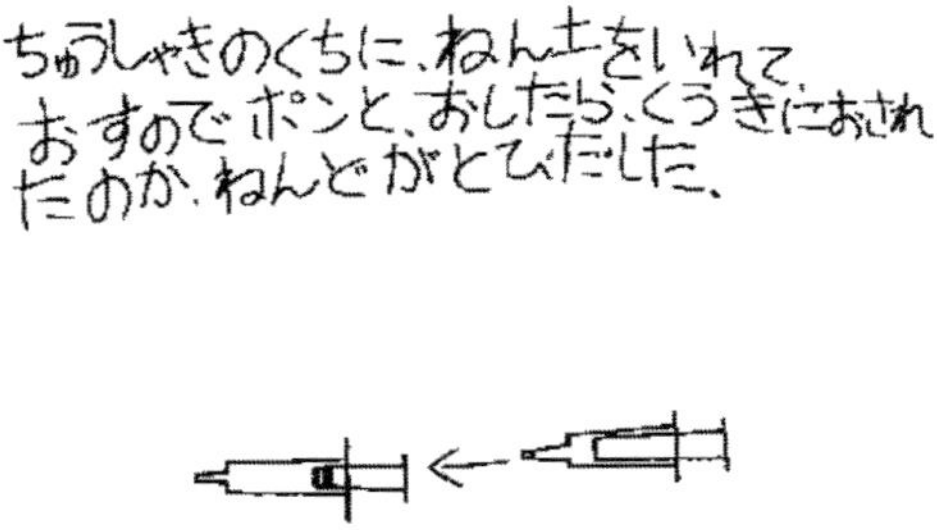
ちゅうしゃきのくちに、ねん土をいれて
おすのでポンと、おしたら、くうきにおされ
たのか、ねんどがとびだした、

子供たちはてっぽうも作り始めた。

6　粘土を使う子もいた。粘土を玉にするのである。
注射器の中に、粘土を入れた子もいた。

次ページの図のAを押すと粘土も動いた。平行移動をするのである。

これは、前玉と後玉の関係そのものである。

7　注射器に水を入れる子も出てきた。
が、この日は、次のことに熱中していた。

水てきを入れたまま空気をおしちぢめて、指をはなすと「けむり」が出る。水蒸気が発生しているのである。

もう一つ、次のような発見もあった。

「注射器の中に、水も空気もいっしょに入れられる」

8　以上のような子供の活動から、次は以下のような内容が考えられる。

A　空気はちぢめられた。では、空気はのびるのか。

これは、ストレートに考えるより、3で述べた「注射器を引っぱる」こととの関係で考えさせたい。

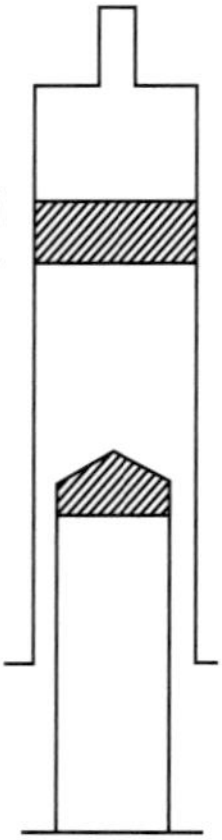

また、水のことも考えさせたい。

B　水は、ちぢんだり、のびたりするのか

Aの学習とBの学習は同じことである。同じ活動から得られる二つの結論である。学習は、そのように組み立てるべきなのだ。内的必然性があるのである。

ここに至って、三年の初めに立てた計画の「三次」を修正するべきだという結論になった。

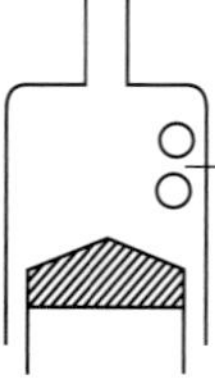

AとBを、一つの活動の中から導けるのか？　これが本研究授業のテーマである。

6　研究授業を実施する

この次が、私の研究授業であった。

私は、次のような指導計画をたてた。

理科学習指導案　第三学年　一九八五年九月一九日

1　単元　空気をちぢめる（空気でっぽう）

2　単元目標　閉じ込めた空気に力を入れた時の様子を調べ、空気には弾性があることを理解させる。

3　研究主題との関連

二年生の学習に「空気を閉じ込めて、空気の存在を知る」があった。本単元の学習は、この先行学習をもとに組み立てる。つまり、まず「空気を閉じ込めて、ちぢめてごらんなさい」という学習を組み立てるのである。

子供たちは、次のような活動を展開するはずである。

(1)　先行学習のビニル袋などを利用する活動

(2) ビニル袋の限界を超えていろいろな器具を利用する活動

この学習は、「先行学習をもとにする」「ねらいを素直に問いとして投げかける」ことを通し、より自主的でより幅の広い活動化をねらうものである。

単元名を「空気でっぽう」とせずに「空気をちぢめる」としたのは、そのためである。

4 指導計画

第一次 空気をちぢめる 五時間

第二次 水をちぢめる 二時間（本時1／2）

第三次 空気でっぽうで遊ぼう 四時間

5 本時の指導（6／11） 一組 向山洋一

(1) 目標

注射器で活動することによって、空気はのびる、水はのびない、ちぢまないことを理解する。

(2) 展開

児童の活動	指導上の留意事項
	注射器、子供が持ちよった用具、水を入れる容器
1　みんなの前で発表する。 ・押すと戻る ・引いても戻る ・てっぽうになる ・中の粘土が平行移動する	注射器を使ってみて分かったことを発表してもらいます ・注射器を押し切った時、空気があるかどうか子供の考えを確かめる ・引いた場合を全員に体験させる
2　注射器に水を入れて試す。	注射器に水を入れて試してごらんなさい ・バケツは、全体及び班に一つとする（情報交換の場） ・何か分かった子は、知らせに来させる
3　みんなの前で発表する。 ・水はちぢまない ・水はのびない ・一緒に入れると空気だけちぢむ ・注射器の先に水を入れるとひっぱれない	水を入れて試してみて、分かったことを発表してもらいます

(3) 評価

空気はのびるが、水はのびない、ちぢまないことを活動を通して理解したか。

授業は、およそ次のように展開された。

なお、この記録は、当日の協議会に配布されたものである。つまり、授業と同時進行で記録されたものである。そのため、子供の発言、教師の発問などが粗削りで表現されている「粗筋が分かる」という程度の記録である（調布大塚小では、研究授業後の協議会には、このような授業記録が印刷・配布されていた）。

理科研究授業記録　六〇年九月一九日　三年一組　向山学級

13・35　T　きのうO君とI君に実験してもらいましたね。もう一回実験してもらおう。

I・O　じゃがいもを押すと……（と説明する）

T　うちへ帰ってやってみた人。（ハイ）今持ってきた人やってごらん（各自やらせる）。

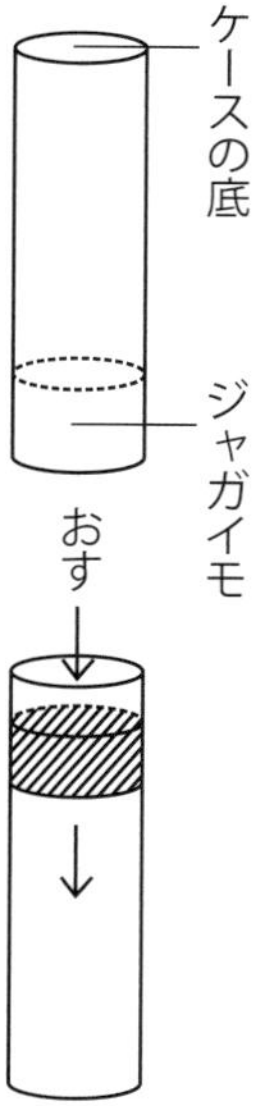

13・40　T　注射器をとりにきなさい。

手に持っているものを全部おきなさい。

今のO君の実験はこれで終わります。きのう注射器を少しやりました。いろいろなことをやりました。発表してもらいます。

C　けむりが出た。

C　注射器をおして離したらもとにもどった。

T　これをやった人。

C　ねん土をまるくして中へ入れておすといっしょに動く。

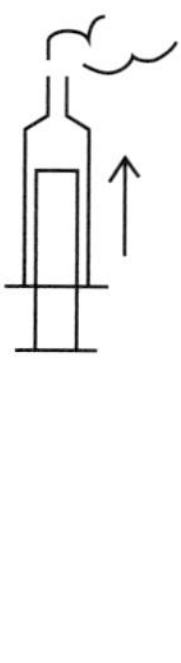

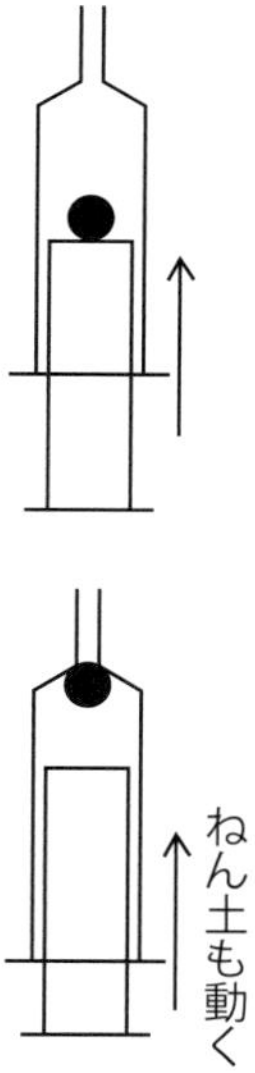

C

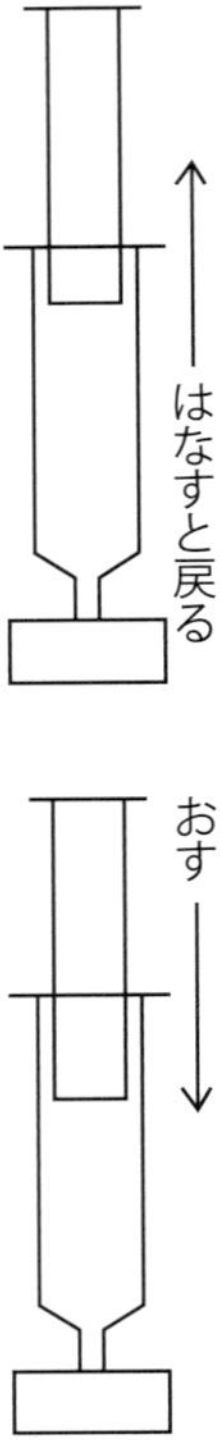

C　先を指でおさえてぎゅっと中までおして離すとまた上にあがってしまう（戻る）。

C　注射器の先をおさえて、ひっぱってポンとはなすと、空気のかたまりか何かが力でバチッと手にくる。

T　I君はひっぱると戻る。同じになった人。

（板書）

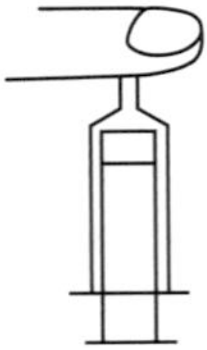

この中には空気は入っているのですか。入っていないのですか。隣の人と話し合いなさい。

13・45　T　入っているという人　一九人
入っていない人　一三人
このくらい分かれていると面白いですね。

きょうはこの中に水を入れて押したりひっぱったりします。すると分かると思います。図工のバケツを使います。班に一つです。

（班ごとに活動）（活動時間一二分）

13・58 T 空気が入っているかいないか、新しい発見をしたら一つずつ先生に言いにきてください。（一人一人教師に言いにくる）

14・07 T 注射器、全部下へおいて。いろいろなことをやっているみたいです。発表してもらいます。

C 水を入れてここをひっぱったりすると動かない。

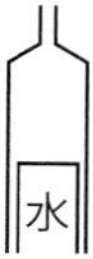

T 水を入れてみた人。もう一つWさんは言っています。動かない。押してもひっぱっても動かない。やってみましょう。（それぞれ試してみる）

T 空気だけの場合と水だけの場合とやってみなさい。（それぞれ試してみる）

14・11 T いらっしゃい。すわって。（中央に集めてすわらせる）

Hさんが面白いことをやりました。どうなるでしょう。やってみなさい。

T　水が下に半分だけ入ってます。これを押すとどちらがちぢまっているのですか。（C空気）空気がちぢまっていると思う人（三二人）。水がちぢまっていると思う人（三人）。もう一つ。S君が言いたいそうです。S君はここ（先端）に水を入れたそうです。

C　Aは空気がのびてひっぱれる。Bは水だからいくらひっぱってもひっぱれない。

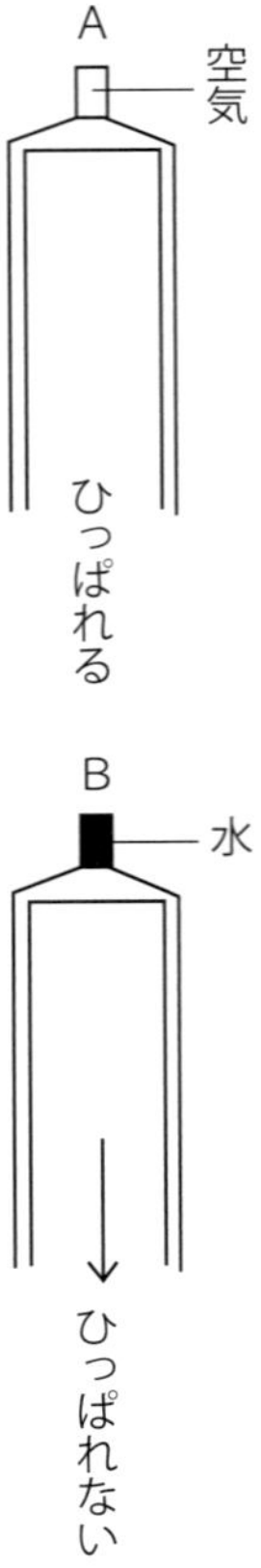

T　ここには空気が入っているという人（三〇人）
　〃　入っていないという人（四人）
今日勉強したことを席について書きなさい。

〔場の設定〕

（教室）

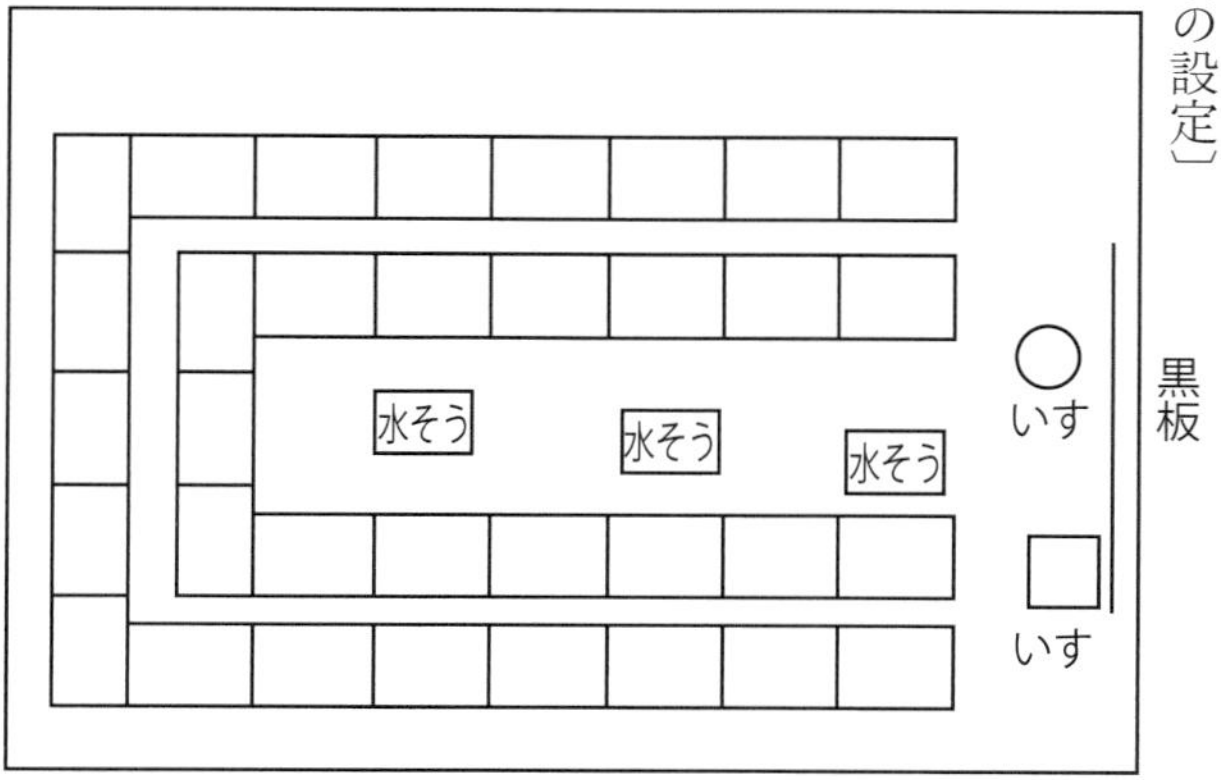

（子供の机の上）

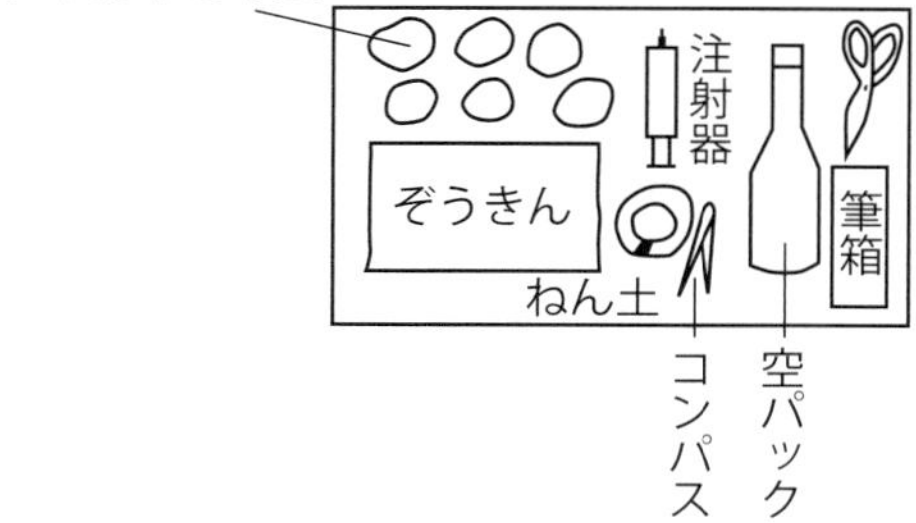

〔板書〕

空気がはいっている　19→3人

空気がはいっていない　13→4人

もう一度まとめてみる。焦点は次のことであった。

論争　注射器の先に空気はあるか

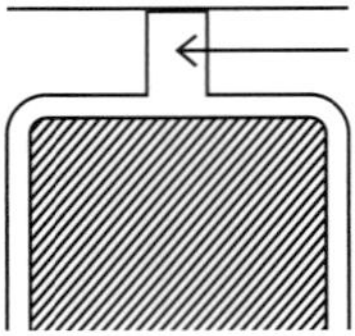

ここに空気はあるか

注射器は「ひっぱると戻る」ということからこの論争は生じた。

「もともと空気はない」「空気がうすくなる」などの意見が対立した。

これが研究授業の内容である。

水を使ったグループが、これを解決した。先端に水を入れると注射器は動かないのである。

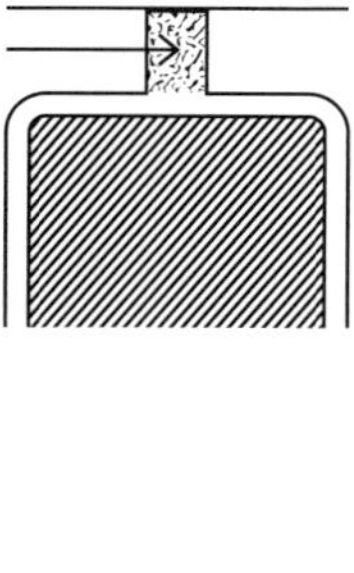

あっ。動かない

発見　空気はちぢんで戻る
　　　また、のびて戻る

注射器論争は、もう一つの発見をもたらした。

水はのびない
水はちぢまない

ただし、研究授業の時は、四名の子の意見は動かなかった。協議会でその点を質問され、

「たいへん人間的だと思います」と私は答えている。

7　学習内容は広がる

その次の時間は、空気をちぢめることを利用した空気でつぽうで遊んだ。竹でつぽうで二時間。「中を見たい」という子どもの要望で「ビニル管」で二時間である。

子供たちは、いろいろと考え、発見した。

「原理を考えた」というのが特徴である。

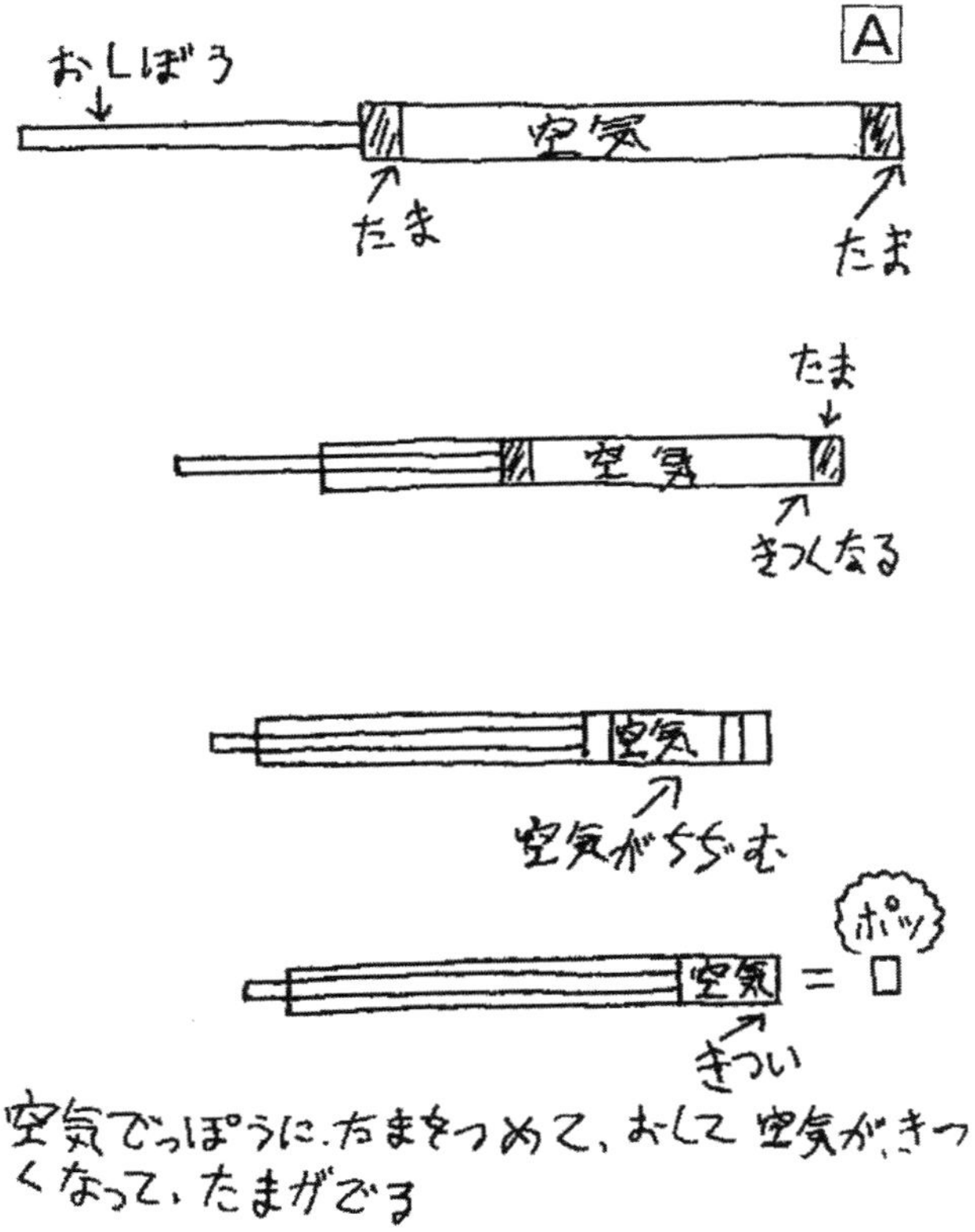
A
おしぼう
空気
たま
たま
たま
空気
きつくなる
空気
空気がちぢむ
ポッ
空気
きつい
空気でっぽうに.たまをつめて、おして 空気が、きつくなって、たまがでる

B

空気でっぽうとじっけん。

(1)

空気を人げんだとして書いていた。

①手 玉 をおす。

さいしょのじょうたい。

②

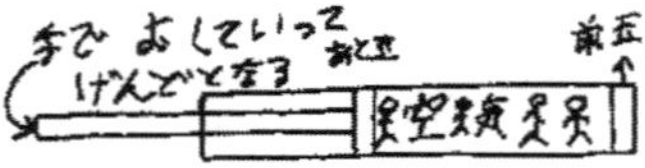

おしていくとこうなる。

③ 玉がとび出る

空気も外へ出てします。

空気は おしちずめられますが
それにも げんどが あります。げんどまで
いくと 空気が 前玉をおして 前玉を
出します。あと玉が 前玉をおして 前玉が
でるわけでは ありません。そして ちゃんと あと玉
と前玉が 入っていないと とびません。

C

① 4れんぱつでやったら、ぼくのばわいは3つめが、よくとんだ。よくとんだわけわ、おすときにすきまがいっぽいあったからだとおもう。

おくぼら

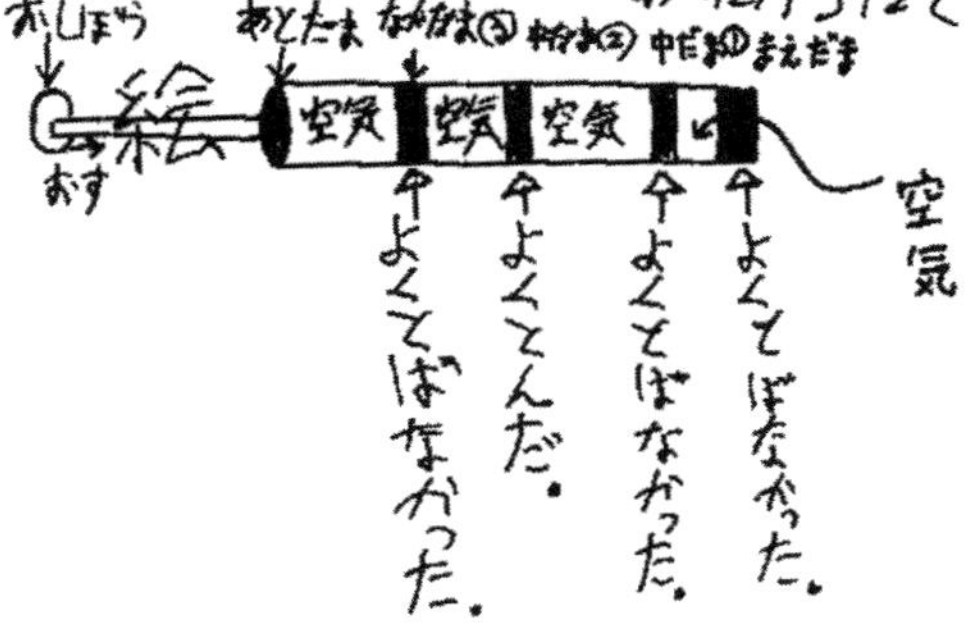

② 空気のはいるばがおおいいほど、よくとぶことがわかった

⇧

すきまがいっぱいあるタマがとぶ

D

①竹づつ.のふと いほうから.おしぼう
のふといほうかおくたら、ポこと言って
とんだ!?

①の絵の①　　　　発見したこと

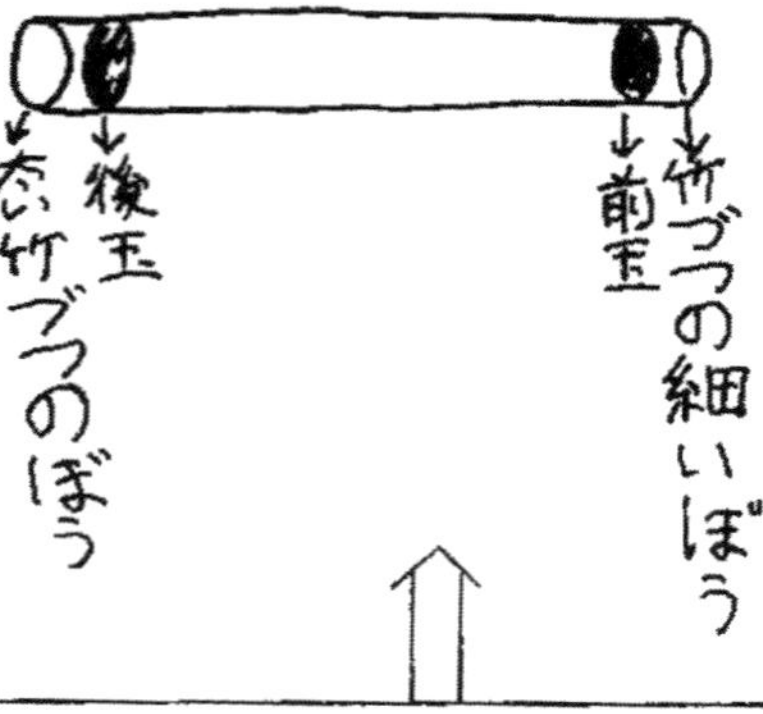

竹鉄砲は太い方から入れるとよくとぶ

8　研究授業での主張

研究授業後の研究協議会において、三年グループは次の提案を配布した。これが、研究授業に臨む私たちの主張であった。

本研究における三年の主張は次のとおりである。

1　「空気でっぽう」という単元には、大きな欠点がある。
(1)　二年の学習と遊離する。
(2)　「与えられた活動」が強引すぎる。
(3)　「空気」と「水」が分離している。
(4)　「玉がとぶ理由」は複雑で「空気がちぢむ・のびる」が理解しにくい。

2　「空気はちぢめられるか？」という素朴な問いから始まる方法は、前者よりよい。
(1)　二年の学習と直接に連続する。
(2)　自分で考えた活動をもとに展開される。
(3)　空気と水の学習が深く関係している。

(4)「空気がちぢむ・のびる」現象が理解しやすい。

3 「指導要領」を、次のように訂正すべきである。（左記文章を入れるべきである）

閉じ込めた空気に力を加えたときの様子を調べ、空気には弾性があることを理解させる。

ア 空気を圧《お》し縮めると、かさが小さくなるが、手ごたえは大きくなり、元に戻ろうとすること。（この文章の後に左記文章を入れる）※
また、この性質を利用して物を動かすことができること。

イ 空気は圧し縮められるが、水は圧し縮められないこと。

※ 空気をひっぱるとこの逆の現象が見られること。

「ちぢむ・のびる」は、密切に関連した現象である。総則の文には「弾性」を理解させるとあるのに、「のびる・戻る」がないのは不備である。

水とのちがいは、「ちぢむ・戻る」よりも、「のびる・戻る」との比較の方が、はるかに分かりやすい。

教材を「空気でっぽう」と固定しているから「活動がせまくなる」「のびる・戻る」が出ないほどの欠点が出ると思える。

子供の学習活動は、自然に「戻る」現象に目を向けたのである。

「水はのびちぢみしない」ということと共に、「空気はのびる・戻る」という両面を教えるべきだという主張である。

さて、もう一度、私の実践・研究を概観してみよう。

今までの報告の主張は次の点にまとめられる。

1　研究はまず「空気でっぽう」をどう構想するのかという「授業の組み立て」から始まった。

ごく当たり前の「授業」としての出発をしたのである。

2　そこで、突然に大きなギャップにぶつかる。

つまり「指導要領」の目標と教科書の単元との差である。

前者なら「空気ののびちぢみ」が中心となり、後者なら「空気でっぽう」が中心となる。

3　この差は、「現在の理科教育論」の骨格なのだと後で気付く。

つまり、まず初めに「全員に」「興味がわくような」「共通体験を与えよ」、「そこから次々と連続して問題が展開していくように単元を構成せよ」。これが、つまりは蛯谷理論の中心らしい。

4　私たちは「共通の現象」のかわりに、「共通のテーマ」つまり「空気はちぢみますか?」を与えた。この方が、無理なく自然に学習が成立していくと考えたからである。共通のテーマ、つまり課題を解決するため、子供たちは次々に活動を企てた。初めは、今までの学習の経験をもとにして、その次は論理の延長で……。

5　初めにいかなる「共通体験」を与えるか、ということと共に「共通テーマ」の提示も、重視すべきであると考えている。

9　骨太な実践をつくるために

本書で私が言いたかったのは、次のことに尽きる。

> 根本を疑え。

もちろん、すべての実践の「根本」を疑うことなど、物理的にできるはずはない。

しかし、年に一回程度の研究なら、根本まで立ち入って考えてみるべきである。


私は「空気でっぽう」の単元を扱うに当たって、指導要領の目標を検討してみた。

しかし、そこには「空気でっぽう」はない。それまで、各社の教科書を調べた範囲では、すべて「空気でっぽう」となっていたので、これが、単元なのだと思い込んでいたのである。

ところが、指導要領には出ていない。

「空気でっぽう」は、教科書会社の（教科書執筆陣の）一つの解釈である。

これに、捉われることはない。すると、今までより視野が広がる。多様な見方が生じてくる。

「どうして、一年生で学んだ『くうき』とつなげた授業をしないのか」。これも、そんな疑問の一つである。

なぜ、前単元との連係を「ぶったぎる」形で授業が始まるのか?

ここまできて、やっと、現在の理科教育の主流が見えてくる。

つまり、初めに「全員に興味がわく」「共通体験を与える」という方法である。これなら、児童の関心を集められる。

その関心の強さが、その後の活動をひっぱっていく。こういう形で授業が組み立てられるのである。

空気でっぽうが生まれてくる必然性がそこにはある。

しかし、初めに「共通体験」を与えなくてもいいではないか。「空気はちぢめられるか」という、共通のテーマを与えてもいいではないか。私はそう考えた。

そして、組み立てたのが、この授業である。

「空気をひっぱる」と逆の現象が見られることも指導要領につけ加えるべきだという主張はこうして生まれた。

指導要領のごく一部についての主張である。この主張が妥当かどうかは分からない。しかし、まぎれもなく、実践研究の上に組み立てられた、一つの主張である。

今までのものによりかかったままの惰性からは何も出てこなかっただろう。確かに現在あるものは、多くの先輩の努力の結果である。現在の時点でベターなものが多い。

しかし、私たちは、それをさらに一歩前進させなければならない。

そのためには、まず、根本を疑ってみることが大切なのである。

こうした努力が、骨太な実践をつくり出していく。

解説

子どもの事実から出発した教師実践　向山実践は、理念で語らず事実で語る

葉山小学校　橋本信介

教育の事実こそが、どの主張がよいのか後で示してくれる。

3章で綴られる向山実践は、子どもの実態から生み出された教師の行為と思想のもとにダイナミックに展開されている。

第1章にあるように、文芸研シンポジウムに向山氏は一人で乗り込んだ。

当時を振り返り向山氏は、次の疑問を読者に投げかけている。

> さて、「夜のくすのき」の教材で二時間の授業を二年生にするのに、一番大切なことは何か？　いつもの私なら何をするか？

いつもの自分なら何をするのか？　という一文に、原点がある。

私が二〇代のころ、授業中、つまらなそうにノートに落書きをする子、やんちゃくんたちに主導権を握られ授業が成立しない日々が続いた。

毎日、教材研究をして臨んだ授業もいつも同じような光景がくり返された。

いつか、授業が楽しい、面白いと子どもたちが言ってくれると信じていた。

その日は、やはり来なかった。

授業・教材研究にしてもまずは何をしたらよいのか。それさえもわからない状態が続いていた。全員ができるようにさせる教師の執念もなく、自分の力のなさをまわりのせいにばかりしていた。向山氏の先述の質問の答えは明確だった。

> 答えは、簡単である。「教材の文章を全員が読める」ようにすることである。二年生の子供たちが、教材の文章をスラスラ読めるようにすることである。分析批評は、その後のことだ。
>
> 教材の文章がスラスラと、あるいはしっかりと読めるようにさせること、これは国語の授業の出発点である。たとえ、二時間の構成でも、その基本をなおざりにしてはいけない。

私の中の国語の授業の概念とともに、分析批評に対する意識が180度変化した。

向山氏が強調している全員というキーワードこそ現代の教育界の軸となる。

子どもたち全員を大切にするという理念はもちろん重要である。

しかし、より大切なことは、教師は、理念をもとに子どもたち一人一人に具体的に何をしたのかである。

一九九九年に刊行された『向山洋一全集』第6巻（明治図書出版、一二一頁）に収められていたこの実践記録に出会って以来、私は教育の主張を常に事実で語るようになった。ほんの数時間でもよいので学年間で授業を見合うようになった。五分、一〇分でもいい。授業を語るときは、必ずお互いに参観し事実をもとに意見を述べ合うことが教師としての成長につながると考えている。

第2章、「運動会応援団の指導」は、子どもたちへの理念を具現化した教師の仕事の一部だと考えている。応援団発祥の背景から全校指導の詳細を今までまとめた記録はあっただろうか。応援団が形成されるまでの教師の子どもへの声かけ、当時の子どもたちの感想。

本書には、これからの若い教師のためにと、教師が子どもたちを前に話すための重要なポイントも示されている。

私は、このような細部の指導もとても重要だと考えている。

文章にある言葉だけをなぞった指導だけでは通用しない。

私の新卒時代がそうだった。言葉・指導の背景にある向山氏の理念を読み解き、目の前の子どもたちの状況に応じた指導を行うまでのヒントが本書の各処にある。現在の教育界に、〇〇スタンダード的な形式的な活動の中に子どもたちを閉じ込めがちな方法が広まりつつある。

第3章の「理科『空気はちぢむか』の実践」は、子どもたちの事実と教師が教材に疑問を感じ向き合った足跡そのものだ。

子どもたちが考えたダイナミックな思考が表現された実物資料は、形式的な指導に一石を投じるものになっている。

まさに、法則化運動が掲げる教育理念を子どもの事実をもって示している。

向山氏は、本書に次のように述べている。

> 学校でやった仕事そのものなのである。

向山氏の圧倒的な仕事量と事実は、当時マスコミでとりあげられた。

一九八六年、文部省が、法則化運動と同じような教師の指導の体系化を始めたとある。

その三〇年後の二〇一六年、いよいよTOSSの教員研修が文部科学省を軸に実施される。

理念で語らず事実で語る。

次世代にむけた新たな教育実践の伝承が始まろうとしている。

具体的な子供の事実の記録が論争で活用できる　～向山氏から学んだ、知的生産術～

TOSS中央事務局　戸村隆之

本書の第1章「文学教材『夜のくすのき』の実践」、文芸研シンポジウムについては本書とあわせて見ていただきたい資料がある。TOSS動画ランド（http://m.tos-land.net/）で公開されている、「向山洋一　文芸研シンポジウム」というデジタル音声資料である。資料の解説文を引用する。

> 1985年夏の文芸研広島大会に向山氏が招かれた。
> このシンポジウムの音源が奇跡的に残っていた。
> 本シンポジウムの音声と、さらに当時の向山氏直筆の授業記録をスライドとして表示されるよう編集した。
> 向山氏に次々と質問が集中砲火される。
> 向山氏を嘲笑うかのような発言がある。
> 向山氏は2000名近い文芸研の教師相手にどのように主張されるか。是非、聞いていただきたい。

向山氏が法則化運動初期にどのようにアウェイの地で主張するか。運動論という視点でも学ぶことが多い。

また、授業研究はどのようにしていけばいいのかを向山氏は30年以上前に既に、具体的に主張されている。

現在でもそれが教育界の常識にはなっていない。

向山氏が巨大な問題提起をするシンポジウムの貴重な音源である。

TOSSデジタルアーカイブチームによる80枚にも及ぶ解説・資料スライド付き。


向山氏の著書に書かれた膨大な授業実践は、このように音声、映像、紙媒体などで残っているのである。今のように手軽に授業映像や音声を撮ることができる時代ではない。向山氏は自身の教師修業として新卒時代からの実践を記録に残していたのである。

TOSS中央事務局会議や向山氏が講師のセミナーなどで向山氏の未公開の実物資料を見せていただくことがある。中には五〇年以上前のものまである。「自分の実践を記録として残していく」ことの大切さを向山氏から学んだ。

TOSSデジタルチームの資料室には、未発表のものも含めて膨大な向山氏の授業や講座映像が残っている。TOSS動画ランドは、このような貴重な資料を後世の実践家に伝えるためのツールである。

本書に書かれているシンポジウムでの論争部分の実際の音源を聞いていただきたい。その熱気、迫力、向山氏の発言で次第に会場の雰囲気が変わっていくのがまるでその会場にいるかの如く伝わってくる。

動画ランドの資料には、向山氏が「夜のくすのき」の授業について書かれた直筆の授業記録もある。

普通の紙に、おそらく授業中に書かれたものである。そこには、発問・指示、子供の活動の記録などが詳細に記されている。向山氏はこの授業記録を基に本書の「夜のくすのき」の授業実践部分を書かれたと推定できる。

教材文を音読する時間も詳細である。「一分三〇秒一人」「二分五人」など具体的な数値が書かれている。このように具体的に記録をしているから、シンポジウムの論争の場で子供の事実を語れるのである。

現在であれば、授業記録や実践記録は様々な形でとることができる。デジタルカメラ一つあれば、授業映像、音声、写真が記録できる。

スマートフォンやタブレットを使えば映像、音声、写真などをすぐにクラウドにアップロードすることができ、情報を一元管理できる。

私がよく活用するのは「Evernote」というアプリケーションだ。文字、画像、音声、文書ファイルなどを分類して保存することができる。タイトルをつけておけば、瞬時に取り出したい情報を検索できる。

子供のノートや作品などの資料も、スキャナーなどを活用してデジタル化してEvernoteに保存していく。拙い実践でも記録して保存しておくと後々必ず役に立つ。

デジタルツールは、実践記録をとることだけではなく、仕事術にも活用できる。学校で配布される文書などをデジタル化して、保存していく。紙資源の節約になるし、必要な時に素早く検索できる。私の場合、デジタル化した紙資料はすぐにリサイクルに回してしまう。

かといってアナログの記録が不要なわけではない。ノートに直筆で書くからこそよい場合もある。ノートに書いた記録も、写真をとってデジタル化しておく。

ＩＣＴの活用については、個人情報や肖像権の問題も孕んでいる。しかし、これからの時代の情報活用に、デジタルツールの活用は欠かせなくなっていく。ＴＯＳＳは、一〇年近く前からＳＮＳ活用について研究している。現在は、さらに先のＩＣＴ活用研究がすすんでいる。

学芸みらい教育新書 ⓱

授《じゅ》業《ぎよう》力《りよく》上《じよう》達《たつ》の法《ほう》則《そく》2
向《むこう》山《やま》の授《じゅ》業《ぎよう》実《じつ》践《せん》記《き》録《ろく》

2016年9月1日　初版発行

著　者　向《むこう》山《やま》洋《よう》一《いち》
発行者　青木誠一郎

発行所　株式会社学芸みらい社
〒162-0833 東京都新宿区箪笥町31 箪笥町SKビル
電話番号 03-5227-1266
http://gakugeimirai.jp/
E-mail：info@gakugeimirai.jp

印刷所・製本所　藤原印刷株式会社

ブックデザイン・本文組版　エディプレッション（吉久隆志・古川美佐）

落丁・乱丁は弊社宛にお送りください。送料弊社負担でお取替えいたします。

ISBN978-4-908637-21-6 C3237

学芸みらい社　既刊のご案内

書　　名	著者名・監修	本体価格
教育を未来に伝える書		
あなたはこども？ それともおとな？ 思春期心性の理解に向けて（シリーズ　みらいへの教育３）【全国学校図書館協議会選定図書】	金坂弥起	1,800円
大丈夫、死ぬには及ばない　今、大学生に何が起きているのか（シリーズ　みらいへの教育２）	稲垣 諭	2,000円
奇跡の演劇レッスン「親と子」「先生と生徒」のための聞き方・話し方教室（シリーズ　みらいへの教育１）	兵藤友彦	1,500円
かねちゃん先生奮闘記　生徒ってすごいよ	兼田昭一（著）	1,500円
すぐれた教材が子どもを伸ばす！	向山洋一（監修）甲本卓司＆TOSS教材研究室（編著）	2,000円
教師人生が豊かになる　『教育論語』師匠　向山洋一曰く　――１２５の教え	甲本卓司（著）	2,000円
向山洋一からの聞き書き　第2集　2012年	向山洋一（著）　根本正雄（著）	2,000円
向山洋一からの聞き書き　第1集　2011年	向山洋一（著）　根本正雄（著）	2,000円
バンドマン修業で学んだ　プロ教師への道	吉川廣二（著）	2,000円
向こうの山を仰ぎ見て	阪部 保（著）	1,700円
教育の不易と流行	ＴＯＳＳ編集委員会（編さん）	2,000円
アニャンゴ（向山恵理子）の本		
翼はニャティティ　舞台は地球　【全国学校図書館協議会選定図書】	アニャンゴ（著）	1,500円
アニャンゴの新夢をつかむ法則　【全国学校図書館協議会選定図書】	向山恵理子（アニャンゴ）（著）	905円
もっと、遠くへ　【全国学校図書館協議会選定図書】	向山恵理子（アニャンゴ）（著）	1,400円
一　般　書		
雑食系書架記	井上泰至（著）	1,800円
日本人の心のオシャレ	小川創市（著）	1,500円
信州倶楽部叢書		
意志あるところに道は開ける	セイコーエプソン元社長 安川英昭（著）	1,500円
ノブレス・オブリージュの「こころ」	文化学園大学 理事長・学長 大沼 淳（著）	1,500円
シェスタシリーズ		
父親はどこへ消えたか　-映画で語る現代心理分析-	樺沢紫苑（著）	1,500円
国際バカロレア入門　融合による教育イノベーション	大迫弘和（著）	1,800円
ノンフィクション		
銀座のツバメ　【全国学校図書館協議会選定図書】	金子凱彦（著）佐藤信敏（写真）	1,500円
二度戦死した特攻兵　安部正也少尉	福島 昂（著）	1,400円
児　童　書		
超救助犬リープ　【全国学校図書館協議会選定図書】【日本図書館協会選定図書】【埼玉県推奨図書】	文：石黒久人　絵：あも〜れ・たか	1,300円
絵　　本		
流れ星のねがいごと	大底茅里（作・絵）	1,200円